Let's
Start!

新しい日商簿記2級

過去&予想
問題
セレクション

滝澤ななみ著

The Official
Business Skills
Test in
Bookkeeping,
2nd grade

はじめに

●本書の役割

本書は「新しい日商簿記2級テキスト＆問題集」を利用して簿記の学習をした方が、過去問題を通じて解き方を身につけるための本です。

すでにみなさんはテキストを利用して学んでいるので、日商2級の知識は持っていますが、その知識を答案用紙に反映できるかどうかは別の問題です。

野球で例えると、バットの振り方を知っていることと、そのバットでボールを打てるかどうかは別の問題です。

どのタイミングでバットを振るのか、どのような振り方だとボールが飛ぶかなど、実際に練習してみないと自分の実力を判断することはできません。

簿記もまったく同じで、実際に解くことにより自分の知識の定着度、解くためのスピード、数値を集計するテクニックなどを学ぶことができます。

本書では、そういったインプットした知識を、いかにして上手にアウトプットするかを学びます。

●問題を解くことの意味

よくこういった質問を受けることがあります。

- 日商2級に合格するためには何時間勉強すればいいでしょうか？
- 過去問は何回分解けばいいでしょうか？

正直に言いますと、「わからない」が答えです。

基礎的な知識、学習する時の集中力など、人によって違いますので、明確な回答はありません。

また、過去問題を10回解いて不合格となった方もいれば、3回程度解いて合格した方も大勢います。

ただ、これだけは断言できます。それは、

- 本番を意識した解き方をしているか?
- 間違った部分について、自分なりに分析し、
同じ間違いを二度としないよう考えながら勉強しているか?

の2点が試験に合格するための重要な要素であり、これこそが合格への近道ということです。

試験に合格するためには、制限時間内に70点とる必要があります。したがって、できる限り本番と同じような条件で問題演習をする必要があります。

例えば、本試験の問題用紙はA4の大きさですが、そのサイズの問題用紙に慣れることも必要です。また、問題文のすき間部分に計算過程や目印を記入するなど、どのように工夫すればより効率的に問題が解けるか学ぶこともできます。

次に、総合問題5問のうち、どの順番で解くのが一番効率的なのかの見極めは戦略上、非常に重要です。簡単な問題から解くのが王道ですが、その見極めこそ事前に準備しておかないとできません。

また、総合問題を解く問題の分量ですが、本書では直近の過去問題3回分を含む全7回分を収載しています。

知識をインプットし、その知識を答案用紙に反映させるアウトプットは、繰り返し解くことで知識を「濃く」することができます。

ナビゲーター:つくねちゃん

しかし、試験直前になると誰でも焦ってきます。その結果、ネットでの情報などに振り回され、いろいろな教材に手を出した結果、自分の苦手分野を復習する時間を確保できなくなる。つまり直前に「薄めてしまう」勉強をする方も多数見受けられます。

直前こそ、自分ができる範囲の問題を解き、できなかった箇所につき、なぜ間違ったか、どうすれば間違わないよう解けるのかを意識することが必要です。そして、その知識を忘れないよう反復して復習する必要があります。

本書は7回分の問題を収載しています。7回分解くことで、本試験で出題される頻出論点はほぼカバーできます。7回で不安な方は、まず本書の問題ですべて満点を目指してください。そして、すべて満点を取ることができたら、次の新しい問題を解けばいいのです。便利な時代になり、無料で総合問題を公開しているサイトもありますので、問題に困ることはありません。

実際、一日のすべての時間を簿記の学習に費やせる方はごく少数で、ほとんどの方は、学校での勉強、仕事、自宅の家事などがあり、簿記の学習の時間の確保が難しいと思います。そういった大多数の方々のために、最小限で効率的、かつ効果的な教材を制作しました。

簿記という学問は慣れるまでに時間がかかりますが、できるようになると非常に楽しい学問です。また、社会人として会計の知識は不可欠ですので、みなさんにはぜひ簿記を楽しく学び合格されることを心より願っております。

本書の効果的な使い方

ステップ1：計画を立てる

- 本試験の日程から逆算し、学習計画を立ましょう。
- 理想としては問題を3回転できるような計画にしましょう。
- 問題を解くだけではなく、間違った内容を復習できる時間を作りましょう。
- 確保できる時間が少ない場合は解く問題を少なくし、できなかった箇所を復習する時間を優先的に確保しましょう。

ステップ2：過去問題3回分を解く

- 時間を計り、本番と同じように問題を解きましょう。
- 時間終了後、採点して自分のできなかった箇所について分析しましょう。
- 知識不足で間違った場合は、テキストに戻り内容を確認しましょう。
- 知識はあるけど間違った場合、間違いノートを作成し、「なぜ間違ったか」、「どのように解けば良かったのか」を分析して記入しましょう。

ステップ3：間違った箇所の確認

- ステップ2と同様、時間を計り、本番と同じように問題を解きましょう。
- 前回、知識不足でできなかった箇所が解けたかどうか確認しましょう。
- 間違いノートに記入した部分ができたかどうか確認しましょう。

ステップ4：予想問題4回分を解く

- 予想問題についても、同様に解きましょう。
- 過去問題より質的、量的に難しい部分もありますので、2時間という与えられた時間、でいかに合格点を獲得できるのかを意識して挑戦しましょう。

目次

日商簿記検定
2020年度試験情報

● 第155回 2020年6月14日
● 第156回 2020年11月15日
● 第157回 2021年2月28日

・検定ホームページアドレス https://www.kentei.ne.jp
・検定情報ダイヤル 03-5777-8600（8:00〜22:00 年中無休）

日商簿記検定2級の概要

日商簿記検定2級の試験の概要は次のとおりです。
より詳しく知りたい方は、検定試験ホームページで確認しましょう。

❶日商簿記2級の試験概要

受験資格	特になし
試験日	6月第2日曜日、11月第3日曜日、2月第4日曜日
申込方法	申込期間は各商工会議所によって異なります（試験の約2か月前から）。各商工会議所にお問い合わせください。
受験料	¥4,720（一部の商工会議所では事務手数料がかかります）
試験科目	商業簿記　工業簿記
試験時間	2時間（午後1時30分開始）
合格基準	70点以上
問い合わせ	各地商工会議所 検定試験ホームページ：https://www.kentei.ne.jp/

❷合格率

受験回	受験者数	合格率
146回 (2017年6月)	43,767人	47.5%
147回 (2017年11月)	47,917人	21.2%
148回 (2018年2月)	48,533人	29.6%
149回 (2018年6月)	38,352人	15.6%
150回 (2018年11月)	49,516人	14.7%
151回 (2019年2月)	49,776人	12.7%
152回 (2019年6月)	41,995人	25.4%
153回 (2019年11月)	48,744人	27.1%

日商簿記2級の出題実績

過去3年間の出題実績論点は、次のとおりです。

第1問の出題実績

	146	147	148	149	150	151	152	153	154
収益の認識基準					●				
返品・割戻し、割引			●			●			
手形									
クレジット売掛金	●	●			●				
電子記録債権・債務				●				●	
有価証券の購入・売却				●			●		
固定資産の購入・売却					●	●	●	●	
固定資産の改良・修繕		●		●					
固定資産の除却		●	●						●
建設仮勘定		●							
圧縮記帳	●							●	
リース取引		●		●					●
無形固定資産		●							●
研究開発費	●							●	
引当金			●				●	●	●
株式の発行(設立時・増資時)	●			●			●		
剰余金の配当・処分								●	
株主資本の計数変動			●		●				
会社の税金	●	●			●	●			
税効果会計						●			
外貨建取引		●	●				●		●
本支店会計						●			
合併・事業譲渡					●				
連結会計									

第2問の出題実績

	146	147	148	149	150	151	152	153	154
商品売買				●					●
現金・預金	●						●		
有価証券		●	●					●	
固定資産					●				
株主資本等変動計算書						●			
外貨建取引				●			●		
合併会計		●							
連結会計		●			●				
その他の論点								●	

第3問の出題実績

	146	147	148	149	150	151	152	153	154
損益計算書		●							●
貸借対照表					●		●		
精算表	●								
本支店会計				●					
製造業会計								●	
連結精算表			●			●		●	

第4問の出題実績

	146	147	148	149	150	151	152	153	154
費目別計算					●				
個別原価計算			●						●
部門別個別原価計算						●	●		
単純総合原価計算									
組別総合原価計算									
等級別総合原価計算									
工程別総合原価計算									
標準原価計算	●								
直接原価計算				●					
本社工場会計		●						●	

第5問の出題実績と使用した勘定科目

	146	147	148	149	150	151	152	153	154
費目別計算									
個別原価計算									
部門別個別原価計算									
単純総合原価計算	●								●
組別総合原価計算			●					●	
等級別総合原価計算						●			
工程別総合原価計算				●					
標準原価計算		●					●		
直接原価計算					●				
本社工場会計									

試験傾向とその対策 その❶

ここからは、日商簿記2級の出題傾向とその対策を確認します。
まずは商業簿記から見てみましょう。
自分が全体のどの部分を学習しているかを意識して学ばないと迷子になりますよ！

日商簿記検定2級商業簿記の全体像

期中取引

日々の取引

第2問

- 現金及び預金
- 有価証券の取得・売却
- リース取引
- 税効果会計
- 会計理論
- 商品売買
- 有形固定資産
- 外貨換算会計
- 銀行勘定調整表

第3問

- 本支店会計
- 製造業会計
- 合併会計

第1問

- 商品の返品、割戻
- 手形
- 満期保有目的債券
- 固定資産の購入・売却
- 固定資産の買い替え
- 固定資産の滅失
- ソフトウェア
- 株式の発行
- 合併・事業譲渡
- 税効果会計
- 消費税
- 仕入割引・売上割引
- 電子記録債権、債務
- 子会社株式
- 固定資産の減価償却
- 固定資産の改良・修繕
- リース取引
- 研究開発費
- 剰余金の配当・処分
- 連結会計
- サービス業の会計処理
- 収益・費用の認識基準
- クレジット売掛金
- 売買目的有価証券
- その他有価証券
- 固定資産の除却
- 圧縮記帳
- 無形固定資産
- 引当金
- 本支店会計
- 外貨換算会計
- 株主資本の計数変動
- その他の取引

第1問対策…取引の仕訳から出題（20点）
第2問対策…商品売買、有価証券などの個別論点、連結会計などから出題（20点）
第3問対策…財務諸表の作成、精算表の作成、
本支店会計、連結会計から出題（20点）

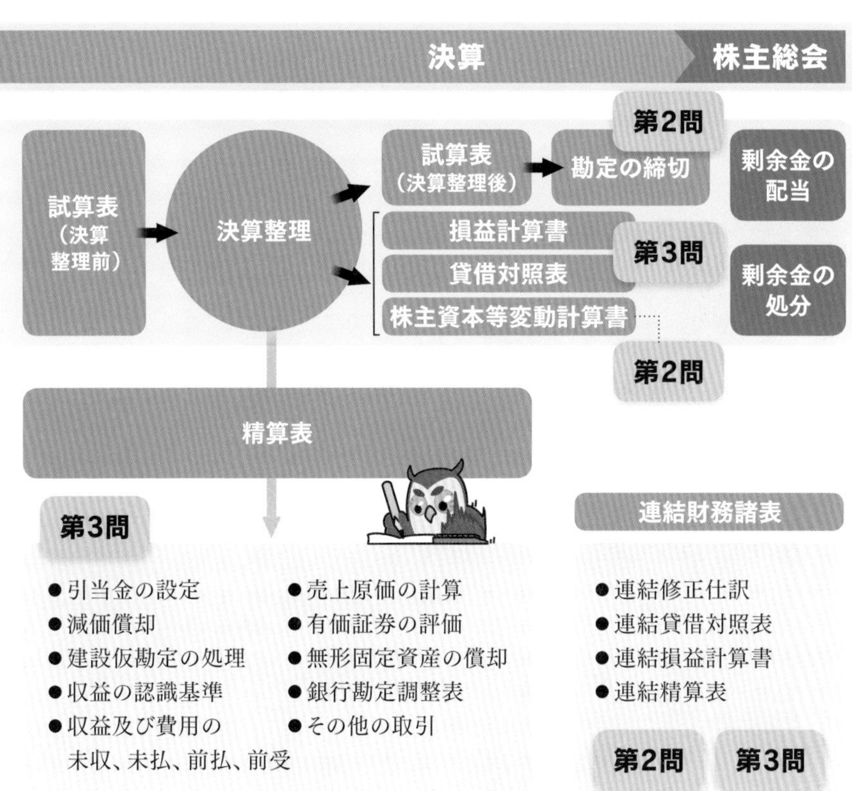

簿記の流れ全体を理解し、総合問題に挑戦しましょう。テキストの問題と総合問題ではレベルに若干のギャップがありますので、総合問題が解けなくて困ることもあるでしょう。そのときは、この全体の流れを思い出し、テキストに戻って復習しましょう。簿記は、この繰り返しこそが上達への近道なのです。

試験傾向とその対策 その❷

次に、日商簿記2級の工業簿記を見ていきます。
工業簿記は第4問と第5問で出題されますが、
全体の勘定の流れを理解することで工業簿記が得意になれます。
工業簿記は短期間で得点を伸ばすことができますので、
早めに学習して得意分野にしておくことをおススメします。

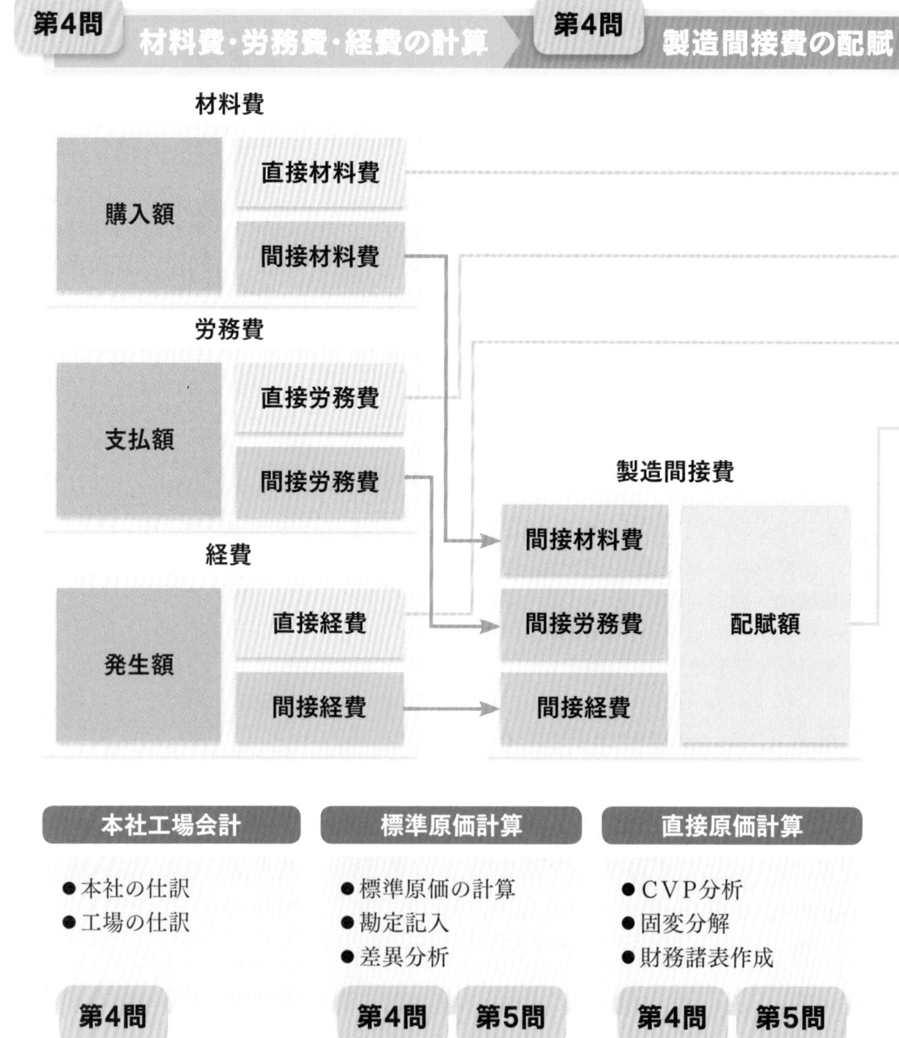

本社工場会計

- 本社の仕訳
- 工場の仕訳

第4問

標準原価計算

- 標準原価の計算
- 勘定記入
- 差異分析

第4問　第5問

直接原価計算

- CVP分析
- 固変分解
- 財務諸表作成

第4問　第5問

第4問対策…主に材料費・労務費・経費の計算、製造間接費の配賦、個別原価計算、部門別個別原価計算、本社工場会計などから出題(20点)

第5問対策…主に総合原価計算、標準原価計算、直接原価計算などから出題(20点)

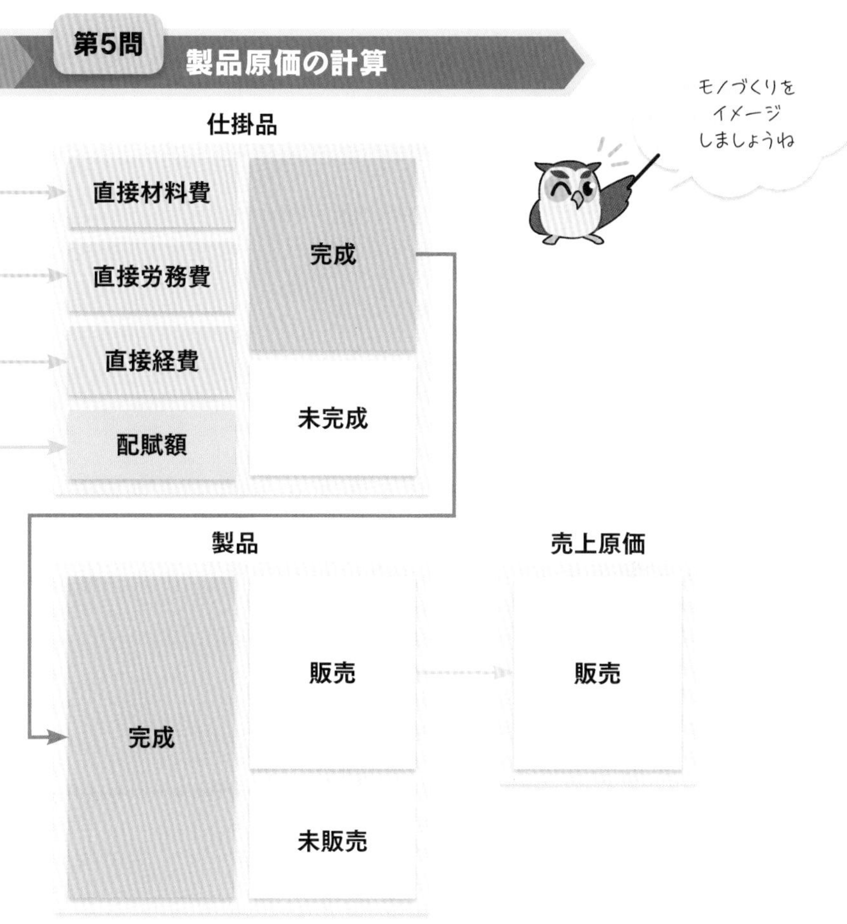

工業簿記はこの勘定の流れを理解し、問題文でどの場面の何を問われているかを読み取りましょう。商業簿記に比べて範囲も狭く基本的な内容が問われるので、工業簿記の上達が試験合格への近道です。

次に、実際に本番で問題を解く際の順番についてのアドバイスです。本試験では制限時間内に合格点を取る必要があるので、合格点を獲得するためのアプローチが必要です。各問の特徴と時間配分、その攻略方法は次のとおりです。

・各問の特徴と時間配分

問題	特徴	時間配分
第1問	●仕訳問題 標準レベルの仕訳から難しい仕訳まで出題	15分～20分
第2問	●個別論点 パターン化した問題から新傾向の問題まで幅広く出題	30分～40分
第3問	●総合問題 決算整理からの財務諸表作成を中心に出題	30分～40分
第4問	●費目別、部門別、個別、本社工場など 仕訳問題から財務諸表の作成まで幅広く出題	20分～25分
第5問	●総合、標準、直接などから主に出題 原価の計算から差異分析など幅広く出題	20分～25分

・各問の攻略方法

問題	攻略方法
第1問	●最初にとりかかる問題です。試験開始直後で緊張していますので、 時間をかけて、簡単な問題からチャレンジしましょう。 ●勘定科目の記入ミスを防止するため、勘定科目一覧を確認しましょう。
第2問	●標準的な問題から超難問まで出題されます。 ●第3問と比べ、簡単なほうから解きましょう。
第3問	●決算整理の問題が中心なので、簡単な論点から先に解きましょう。 ●第2問と比べ、簡単なほうから解きましょう。
第4問	●工業簿記の流れを問う問題が出題されます。 ●第5問と比べ、簡単なほうから解きましょう。
第5問	●ある程度パターン化された内容が出題されます。 ●第4問と比べ、簡単なほうから解きましょう。

この特徴と時間配分、さらに各問の配点を参考にすると、基本的に次の順序で解くことをおススメします。

第1問

●目標時間…15分
●目標得点…16点／20 点

第4問

●目標時間…20分
●目標得点…16点／20 点

第5問

●目標時間…20分
●目標得点…16点／20 点

第2問

●目標時間…30分
●目標得点…14点／20 点

第3問

●目標時間…30分
●目標得点…14点／20 点

・気持ちを落ち着かせるため、まずは問題文を全部読みましょう

・第４問と第５問を比べ、簡単な問題から解きましょう
・難しい問題のときは、最後に挑戦しましょう

・満点を目指すのではなく、簡単な問題から解きましょう
・残りの時間で転記ミスの確認、解けなかった問題に挑戦しましょう

続いて、問ごとに出題の傾向と対策、その内容について見ていきます。まずは第1問の仕訳問題から！

第1問対策

仕訳問題が出題される第1問。
いきなり問1から解き始めるのではなく、まずは勘定科目の一覧を確認し、問題文を全部読み、確実に解ける問題から解いて緊張をほぐしましょう！

出題傾向

- 仕訳問題で問題数は5題です
- 配点は20点です
- 仕訳に必要な勘定科目は全て勘定科目欄にあります
- 簡単な仕訳問題から難しい内容までレベルはさまざまです

第１問（20点）

下記の各取引について仕訳しなさい。ただし、勘定科目は、次の中から最も適当と思われるものを選び、正確に記入すること。

貯蔵品	建設仮勘定	返品調整引当金戻入	未払法人税
当座預金	売上	ソフトウェア	のれん
退職給付費用	ソフトウェア仮勘定	建物	機械装置
リース債務	預り金	租税公課	現金
未払金	普通預金	仕入	減価償却費
固定資産圧縮損	リース資産	売掛金	退職金
返品調整引当金	退職給付引当金	買掛金	リース資産減価償却累計額
仮払消費税	固定資産除却損	為替差損益	給料手当
仮受消費税	返品調整引当金繰入	受取手形	固定資産受贈益

1．X1年４月１日から、ファイナンス・リース取引に該当する事務機器のリース契約（期間５年間、月額リース料￥60,000を毎月末支払い）を結び、利子込み法により会計処理してきたが、X4年３月31日でこのリース契約を解約してX4年４月以後の未払リース料の残額全額を普通預金から支払い、同時にこのリース物件（X4年３月31日までの減価償却費は計上済）を貸手に無償で返却し除却の処理を行った。

2．販売した商品の一部については販売先からの請求にもとづき販売価格で引き取る契約を結んでいる。直近の６か月の売上￥14,400,000のうち50%はこのような契約をともなう売上であり、売上に対する返品率は45%と推定され、返品対象の売上総利益率は25%であった。この直近６か月の売上に対する予想返品に含まれる売上総利益相当額について、返品調整引当金を設定する。

3．従業員の退職時に支払われる退職一時金の給付は内部積立方式により行ってきたが、従業員３名が退職したため退職一時金総額￥27,000,000を支払うこととなり、源泉所得税分￥4,000,000を控除した残額を当座預金から支払った。

問題に勘定科目が与えられているのも大きなヒントになります。こういったヒントも見逃さないようにしましょう。

次に、第1問の出題内容です。第1問の仕訳問題はさまざまな仕訳が出題されますが、特に試験に出題されやすい仕訳は次のとおりです。少なくともこの仕訳は完璧にマスターしておきましょう。

出題内容

- 収益の認識
- 商品の返品、割戻し
- 仕入割引、売上割引
- 銀行勘定調整表(未渡小切手)
- 手形の不渡り
- クレジット売掛金
- 電子記録債権、債務
- 売買目的有価証券の購入、売却
- 固定資産の購入、売却
- 固定資産の割賦購入
- 固定資産の買い替え
- 固定資産の減価償却
- 固定資産の除却
- 圧縮記帳
- 未決算勘定
- 建設仮勘定
- リース取引関する処理
- ソフトウェア
- 無形固定資産の償却
- 満期保有目的債券
- 子会社株式
- その他有価証券の評価
- 引当金関する処理
- 株式の発行
- 剰余金の配当、処分
- 株主資本の計数変動
- 株式申込証拠金
- 消費税の処理
- 法人税の処理
- 外貨建取引に関する処理
- 税効果会計関する処理
- サービス業の会計処理
- 合併会計関する処理
- 連結会計関する処理

第1問の試験対策です。

第1問は試験開始の合図の後、最初に解き始める問題ですので第1問への取り組みは大変重要です。まずは深呼吸をして、次の内容を意識しながら解きましょう。

試験対策

- 第1問の解答時間をあらかじめ決めておきましょう(15分〜20分程度)
- 試験開始直後、慌てずにまずは問題文全体を読みましょう
- 確実に解ける問題から解き、その解答を答案用紙に書き込みましょう。答案用紙に解答を書くことで、緊張がほぐれます
- 確実に正解かどうかわからない問題でも、答案用紙に答えを書き、後で確認しましょう

第2問対策

第2問の出題傾向です。
最近の試験傾向では、第2問か第3問で難問、または超難問が出題されます。
そういった問題の取捨選択こそが合否のわかれ道になります。

出題傾向

- **現金預金、商品売買、有価証券などの個別論点、株主資本等変動計算書の作成、連結会計など、様々な分野からが出題されます**
- **配点は20点です**

第2問（20点）
下記の［**資料Ⅰ**］および［**資料Ⅱ**］にもとづいて、次の**各問**に答えなさい。
問1　答案用紙の当座預金勘定調整表を完成させなさい。
問2　［**資料Ⅰ**］の(2)(3)(4)、および、［**資料Ⅱ**］の(1)(2)(4)に関する決算に必要な整理仕訳を、答案用紙の該当欄に示しなさい。ただし、勘定科目は、次の中から最も適当と思われるものを選び、正確に記入すること。

現金	当座預金	普通預金	仮払金	受取手形
仮払法人税等	不渡手形	消耗品費	広告宣伝費	通信費
為替差損益	受取配当金	支払配当金	借入金	買掛金

［**資料Ⅰ**］
3月31日現在の現金勘定および当座預金勘定の内容と、3月中の当座預金出納帳の記入は次のとおりであった。

（単位：円）

	帳簿残高	銀行残高（または実査残高）
現　　金	1,575,650	1,703,650
当座預金	3,070,000	2,786,000

当座預金出納帳　　（単位：円）

月	日	摘要	小切手No.	預入	引出	残高
3	1	前月繰越				1,500,000
		〰〰〰				
	20	買掛金支払	1001		800,000	700,000
	25	売掛金振込入金		1,200,000		1,900,000
	28	広告宣伝費支払	1002		200,000	1,700,000
	30	消耗品費支払	1003		150,000	1,550,000
	31	受取手形取立（2通）		1,400,000		2,950,000
	31	小切手入金		120,000		3,070,000

当座預金取引について、次の事項が判明した。
(1)　小切手No. 1002とNo. 1003は3月31日までに銀行に呈示されていなかった。
(2)　受取手形の取立依頼分2通のうち、1通¥500,000は不渡りとなっており、入金処理が銀行で行われなかった。
(3)　3月31日に電話料金¥14,000の自動引落しが行われていた。
(4)　小切手入金の¥120,000は、実際には銀行に預け入れられていなかった。（［**資料Ⅱ**］の(3)参照）

過去の出題傾向を分析すると、第1問や第3問と違い、第2問はその形式に決まりがありませんので、比較的自由な問題が作りやすく、新しい形式、新しい出題範囲での出題が目立ちます。

したがって、問題自体が非常に難しい可能性もありますので、第2問を解くさいは問題のレベルを見極める必要があります。難しいと判断したら、中途半端に解かないで第3問の後にまわしましょう。

出題内容

- 現金預金
- 商品売買
- 有価証券
- 有形固定資産
- リース会計
- 株主資本等変動計算書の作成
- 税効果会計
- 合併会計
- 連結会計
- 会計理論

第2問の試験対策です。

例えば、株主資本等変動計算書の作成の場合、典型的な問題なので高得点のチャンスです。ここで是非9割は確保しましょう。

また、商品売買や有形固定資産の場合は取引こそ標準レベルですが、問題量が多く出題されますので時間配分に注意しましょう。

試験対策

- 第2問の解答時間をあらかじめ決めておきましょう(30分～40分程度)
- 第2問で一番大切なことは「問題のレベルの見極め」です。
  難しい問題の場合、決して手出しせずに後回しにしましょう
- 第2問が標準的な問題の場合、逆に第3問が難しい可能性が高いので、
  第2問で確実に得点を稼ぎましょう
- 難問が出題されても諦めないようにしましょう。
  どんなに難しい問題でも10点程度は得点できるので、
  その10点を取りこぼさないように注意して解きましょう

第3問対策

第3問の出題傾向です。
先程の第2問対策とつながりますが、第2問か第3問で難問、
または超難問が出題されますので、問題の取捨選択に注意しましょう。

出題傾向

- 個別会計、連結会計共に決算整理を中心とした問題が出題されます
- 配点は20点です

第３問（20点）

次の［資料］にもとづいて、×2年３月期（×1年４月１日から×2年３月31日まで）の連結精算表（連結貸借対照表と連結損益計算書の部分）を作成しなさい。

［資料］

1．P社は×0年３月31日にS社の発行済株式総数（10,000株）の70%を575,000千円で取得して支配を獲得し、それ以降S社を連結子会社として連結財務諸表を作成している。S社の純資産の部の変動は、次のとおりであった。

	×0年３月31日	×1年３月31日	×2年３月31日
資本金	500,000千円	500,000千円	500,000千円
利益剰余金	150,000千円	270,000千円	350,000千円
合計	650,000千円	770,000千円	850,000千円

2．S社は×1年３月期において80,000千円、当期において50,000千円の配当を行っている。

3．のれんは20年にわたり定額法で償却を行っている。

4．P社およびS社間の債権債務残高および取引高は、次のとおりであった。なお、P社がS社から仕入れた商品30,000千円がP社で未処理であったため適正に処理する。

S社からP社		P社からS社	
売掛金	650,000千円	買掛金	620,000千円
貸付金	240,000千円	借入金	240,000千円
売上高	2,700,000千円	仕入高(売上原価)	2,670,000千円
受取利息	12,500千円	支払利息	12,500千円

第3問対策

従来の試験では本支店会計、精算表の作成などが頻繁に出題されましたが、最近では損益計算書作成、貸借対照表作成がよく出題されます。

さらに、出題区分の改定後は、連結会計、製造業会計から出題されるようになりました。特に連結会計は日商2級合格のために乗り越えるべき壁となりつつありますので、難しい内容ではありますが時間をかけて理解しておきましょう。

出題内容

- 損益計算書作成
- 貸借対照表作成
- 精算表作成
- 本支店会計
- 製造業会計
- 連結精算表の作成

第3問の試験対策です。

第3問は決算整理事項が中心なので、売上原価の算定、減価償却費の計算、貸倒引当金の設定など典型的な問題が問われます。こういった事前に準備できる内容は必ず解けるようにしておきましょう。

また、難問が出題された場合でもすべての内容が難しいことはありません。必ず得点しやすい内容もありますので、そういう問題を解いて得点を積み重ねましょう。なお、精算表が出題された場合は精算表に記入する時間もかかるため、問題を解く都度、答案用紙に答えを記入するようにしましょう。

試験対策

- 第3問の解答時間をあらかじめ決めておきましょう(30分～40分程度)
- 典型論点は本番までに完璧に解けるようにしておきましょう
- 難しい内容が出題されても決してあきらめず、
  その内でも簡単な問題を見つけて確実に得点を重ねましょう
- 精算表の作成は時間がかかるため、問題を解く都度記入しましょう

第4問、第5問対策

第4問、第5問の出題傾向です。
第4問、第5問は工業簿記からの出題です。
近年、商業簿記の問題のレベルが難化傾向ですので、
工業簿記ができないと合格は難しい状況です。

出題傾向

- 勘定の流れ、原価の計算、差異の分析など工業簿記の基本が問われます
- 配点は第4問、第5問共に20点です

第４問（20点）

下記の一連の取引について仕訳しなさい。ただし、勘定科目は次の中から最も適当なものを選ぶこと。

材　料	材料副費	賃金・給料	製造間接費	仕　掛　品
買　掛　金	材料副費差異	予算差異	操業度差異	

1．原料1,500kg（購入代価400円/kg）と工場消耗品80,000円（購入代価）を掛けで購入した。なお、当工場では購入時に予定配賦を実施しており、材料副費として原料の購入代価の10%を予定配賦している。
2．１．の材料副費予定配賦額と実際発生額との差額を材料副費差異勘定に振り替える。なお、当月の材料副費の実際発生額は64,500円であった。
3．当月の労務費の実際消費額を計上する。なお、直接工の作業時間報告書によれば、加工時間は650時間、段取時間は70時間、間接作業時間は20時間、手待時間が10時間であった。また、当工場において適用される直接工の予定賃率は１時間あたり1,050円である。
4．直接作業時間を配賦基準として製造間接費を各製造指図書に予定配賦した。なお、公式法変動予算に基づく年間の製造間接費予算は29,784,000円、年間の予定総直接作業時間は8,760時間である。
5．製造間接費について予定配賦額と実際発生額との差額を予算差異勘定と操業度差異勘定に振り替える。公式法変動予算に基づく製造間接費予算のうち年間固定費は17,520,000円であった。また、当月の製造間接費の実際発生額は2,520,000円である。

第５問（20点）

当年度の直接原価計算方式の損益計算書は次のとおりである。下記の問に答えなさい。

損益計算書（直接原価計算方式）　（単位：万円）

売上高	@2.0万円×2,000個	4,000
変動売上原価	@1.1万円×2,000個	2,200
変動製造マージン		1,800
変動販売費	@0.1万円×2,000個	200
貢献利益		1,600
製造固定費		750
固定販売費及び一般管理費		150
営業利益		700

工業簿記は出題区分の変更はありませんので、安定したレベルの問題が出題されています。また、試験傾向も大きく変わらないので、過去問題を解くことにより本試験の対応もしやすくなります。

本書に収載されている問題については、確実に解けるよう何度も解き直しましょう。

出題内容

- 費目別計算
- 個別原価計算
- 部門別個別原価計算
- 単純総合原価計算
- 組別総合原価計算
- 等級別総合原価計算
- 工程別総合原価計算
- 標準原価計算
- 直接原価計算
- CVP分析
- 本社工場会計

第4問、第5問の試験対策です。

まずは、工業簿記の勘定の流れを理解しましょう。そして、計算する意味を考えながら問題を解きましょう。工業簿記は商業簿記より計算の背景が重要となりますので、計算する意味を考えながら学習しましょう。

そして、工業簿記を得意科目にしましょう。現在の試験では工業簿記ができないと合格することが非常に難しい試験になっています。最低でも8割以上は本番でとれるように準備しましょう。

試験対策

- 各問の解答時間をあらかじめ決めておきましょう(各20分～25分程度)
- 材料の購入から製造、完成、販売までの流れを理解しましょう
- 計算をする意味を常に考えながら学習しましょう
- パターン化された問題が出題されるので、
過去問で苦手な内容は確実にマスターしましょう
- 商業簿記のレベルが大幅にアップしているので、
工業簿記で確実に点数が確保できるように準備しておきましょう

試験直前の学習方法

ここでは、試験直前の学習方法についてアドバイスします。
ラストスパートで試験の合否は大きく変わりますので、直前の時期は大切に過ごしてくださいね。まず、直前期でのテキストの活用方法です。

直前期のテキストの活用方法

- テキストに書いてある仕訳の総確認と継続的な復習
- 自分が苦手とする頻出論点の継続的な復習

簿記は「仕訳に始まり、仕訳で終わる」と言われるほど仕訳が重要です。

したがって、理解が曖昧な仕訳に関してはこの時点でピックアップしておきましょう。次に、仕訳と同じように苦手としている内容も一緒にピックアップしておきましょう。そして、覚えるまで「毎日」復習しましょう。言うのは簡単ですが、毎日復習するのは結構大変ですね。

ただ、毎日机に向かって復習するわけではありません。例えば、

・曖昧な箇所に付箋を貼り、スキマ時間で確認

・該当箇所を携帯で写真に撮り、スキマ時間で確認

といった方法でも大丈夫です。

まずは「苦手意識」を克服しましょう。スキマ時間で眺めているだけでもかなり違いますので、こういった学習を習慣化しましょう。

次は、直前期の問題の解き方です。これは試験の結果に直結しますので、是非挑戦してください。

直前期の問題の解き方

- 本番と同じように2時間で解く
- 解いている途中で解説を読まない
- できなかった問題は、翌日に復習する

問題が解けないからといって、途中で諦めて解説を確認することはやめましょう。解答を見てしまうと、本番で初めて見る問題に対処できなくなります。与えられた条件の中で考え抜くことも大切です。そして、できなかった問題は翌日に必ず復習しましょう。

解答・解説

本書の解答例、配点は著者が作成したものであり、試験実施団体より公式に発表されたものではありません。

第1回 予想問題 解答・解説

	第1問	第2問	第3問	第4問	第5問	合計
目標点	16点	15点	16点	20点	16点	83点
1回目	点	点	点	点	点	点
2回目	点	点	点	点	点	点

解く順番とアドバイス

第1問	問題文全体を読み、一番簡単な問題から解きましょう。
第4問	工業簿記の仕訳が苦手な方は後回しにしましょう。
第5問	ＣＶＰ分析は理解すれば簡単なので得点源です。満点を狙いましょう。
第3問	第2問が控えているので、効率的に自分のわかるところから解答しましょう。
第2問	全部の設問を解答する必要はありません。部分点狙いで解きましょう。

第1問　配点20点　目標点16点

・まずは、比較的簡単な問1、問5から解きましょう。
・剰余金の配当に関しては、準備金の合計が資本金の4分の1に達しているかどうか常に確認しましょう。

解答（仕訳1組につき各4点）

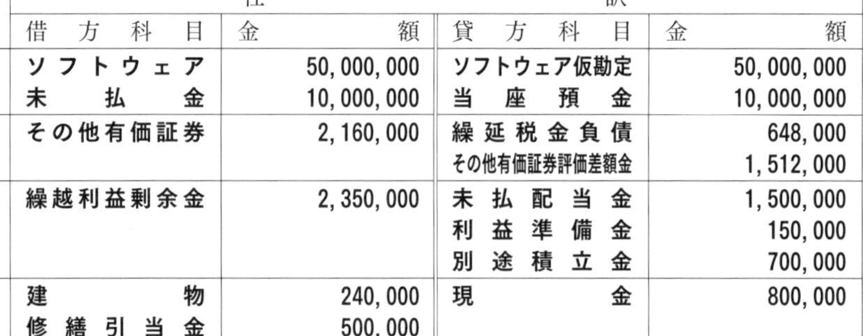

	借方科目	金額	貸方科目	金額
1	ソフトウェア	50,000,000	ソフトウェア仮勘定	50,000,000
	未払金	10,000,000	当座預金	10,000,000
2	その他有価証券	2,160,000	繰延税金負債	648,000
			その他有価証券評価差額金	1,512,000
3	繰越利益剰余金	2,350,000	未払配当金	1,500,000
			利益準備金	150,000
			別途積立金	700,000
4	建物	240,000	現金	800,000
	修繕引当金	500,000		
	修繕費	60,000		
5	商品保証引当金	80,000	普通預金	120,000
	商品保証費	40,000		

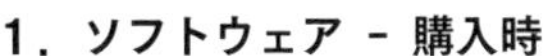

1. ソフトウェア - 購入時

1. 社内利用目的のソフトウェアの開発を外部に依頼し、5回均等分割払いの条件で契約総額¥50,000,000の全額を未払計上し、4回分をすでに支払っていた。本日、このソフトウェアの製作が完成し使用を開始したため、ソフトウェアの勘定に振り替えるとともに、最終回（第5回目）の支払いに関して当座預金口座を通じて行った。

・ソフトウェアが完成したので、**ソフトウェア仮勘定（資産）**から**ソフトウェア（資産）**に振り替えるとともに、残りの**未払金（負債）**を支払います。

ソフトウェア仮勘定	：問題文より **50,000,000円**
ソ フ ト ウ ェ ア	：問題文より **50,000,000円**
未　払　金	：50,000,000円÷5回＝**10,000,000円**
当　座　預　金	：50,000,000円÷5回＝**10,000,000円**

2. その他有価証券（税効果会計）

2. 決算に際して、長期投資目的で1株あたり¥2,000にて取得していた秋田重工業株式会社の株式8,000株を時価評価（決算時の時価：1株あたり¥2,270）し、全部純資産直入法を適用した。ただし、法定実効税率30%とする税効果会計を適用する。なお、秋田重工業株式会社は当社の子会社、関連会社に該当しない。

・全部純資産直入法の場合、時価と取得原価の差額は**その他有価証券評価差額金（純資産）**で処理します。

・その他有価証券について税効果会計を適用する場合、**繰延税金資産（資産）**、または**繰延税金負債（負債）**を計上し、**その他有価証券評価差額金（純資産）**で調整をします。

その他有価証券	：(@2,270円－@2,000円) ×8,000株＝**2,160,000円**
繰延税金負債	：2,160,000円×30%＝**648,000円**
その他有価証券評価差額金	：2,160,000円－648,000円＝**1,512,000円**

3．剰余金の配当・処分

3．定時株主総会を開催し、繰越利益剰余金¥5,500,000の処分を次のとおり決定した。なお、資本金は¥90,000,000、資本準備金は¥10,000,000、利益準備金は¥4,500,000であり、発行済株式数は3,000株である。
株主配当金：1株につき¥500　利益準備金：会社法が定める金額　別途積立金：¥700,000

・会社法上、株主へ配当を行った際、資本準備金と利益準備金の合計が資本金の4分の1に達するまで、株主への配当金の10分の1を準備金として積み立てることが強制されています。

繰越利益剰余金　：1,500,000円＋150,000円＋700,000円＝**2,350,000円**

未払配当金　：500円×3,000株＝**1,500,000円**

利益準備金　：① 1,500,000円×$\frac{1}{10}$＝150,000円

② 90,000,000円×$\frac{1}{4}$－(10,000,000円＋4,500,000円)
＝8,000,000円

③ 150,000円＜8,000,000円より　**150,000円**

別途積立金　：問題文より**700,000円**

4．資本的支出と収益的支出

4．建物の修繕工事を行い、代金¥800,000は現金で支払った。なお、工事代金の30%は改良のための支出と判断された。また、この修繕工事に備えて、前期に¥500,000の引当金を設定している。

・修繕の目的が、資産の価値を増加させる、つまり資産の改良の場合は**建物（資産）**の増加として処理します（資本的支出）。
・修繕の目的が定期修繕など資産の価値を増加させない場合で**修繕引当金（負債）**が設定されているときはその引当金を取り崩し、残りの金額は**修繕費（費用）**として処理します（収益的支出）。

建物　：800,000円×30%＝**240,000円**

修繕引当金　：問題文より**500,000円**

修繕費　：(800,000円－240,000円)－500,000円＝**60,000円**

現金　：問題文より**800,000円**

5．商品保証引当金

5．前期に保証書を付して販売した商品について、顧客より無料修理の申し出があったので、修理業者に修理を依頼し、代金￥120,000は普通預金口座から支払った。なお、前期の決算で計上した商品保証引当金の残高は￥80,000である。

・前期以前に販売した商品を無償で修理した場合で**商品保証引当金（負債）**が設定されているときはその引当金を取り崩し、残りの金額は**商品保証費（費用）**として処理します。

商品保証引当金	：問題文より**80,000円**
商品保証費	：120,000円－80,000円＝**40,000円**
普通預金	：問題文より**120,000円**

第 2 問	配点 20 点　目標点 15 点

・合併会計、連結会計からの出題です。
・近年の試験では連結財務諸表の出題が多くなっており、問題の難易度も上がってます。本問レベルの問題は満点がとれるよう準備しておきましょう。

解答（●数字につき配点）

問 1

（1）

（❷点）

借方科目	金額	貸方科目	金額
諸資産	**32,000,000**	**諸負債**	**9,200,000**
のれん	**1,200,000**	**資本金**	**15,000,000**
		資本準備金	**6,000,000**
		その他資本剰余金	**3,000,000**

（2）

総勘定元帳

のれん　　15

日付		摘要	仕丁	借方	日付		摘要	仕丁	貸方	
4	1	前期繰越	✓	2,550,000	3	31	**のれん償却**	3	**210,000**	
	〃	**諸口**	1	**1,200,000**		〃	**次期繰越**	✓	**3,540,000**	❸
				3,750,000					**3,750,000**	

問 2

（各❸点）

		借方科目	金額	貸方科目	金額
(1)		**子会社株式**	**43,400,000**	**当座預金**	**43,400,000**
(2)	①	**資本金** **資本準備金** **繰越利益剰余金** **のれん**	**40,000,000** **12,000,000** **8,000,000** **1,400,000**	**子会社株式** **非支配株主持分**	**43,400,000** **18,000,000**
	②	**のれん償却**	**70,000**	**のれん**	**70,000**
	③	**非支配株主に帰属する当期純利益**	**1,200,000**	**非支配株主持分**	**1,200,000**
	④	**土地売却益**	**3,000,000**	**土地**	**3,000,000**

③の借方は「繰越利益剰余金」でも可

解説 

1．全体像の把握

企業結合の論点より、合併、連結会計に関する出題です。また、個別会計と連結会計の会計処理に関する比較に関しても問われています。

主に仕訳を中心に問われていますので、勘定科目等の一覧を参考にしつつ簡単な問題から解答しましょう。

問1　吸収合併

（1）合併時の仕訳

合併会社は、被合併会社の資産および負債を時価で引き継ぎ、その対価として株式を交付します。株式の交付額は問題文の指示にしたがって、資本金、資本準備金、その他資本剰余金などに計上します。

そして、貸借差額は借方差額の場合は**のれん（資産）**、貸方差額の場合は**負ののれん発生益（収益）**で処理します。

借方	金額	貸方	金額
（諸資産）	32,000,000	（諸負債）	9,200,000
（のれん）	1,200,000	（資本金）	15,000,000
		（資本準備金）	6,000,000
		（その他資本剰余金）	3,000,000

諸資産：問題文より時価**32,000,000円**
のれん：(32,000,000円−9,200,000円）−@800円×30,000株
＝**−1,200,000円**または**貸借差額**
諸負債：問題文より時価**9,200,000円**
資本金：@500円×30,000株＝**15,000,000円**
資本準備金：@200円×30,000株＝**6,000,000円**
その他資本剰余金：@100円×30,000株＝**3,000,000円**

（2）勘定記入

①　当期以前に生じたのれんの償却

借方	金額	貸方	金額
（のれん償却）	150,000	（のれん）	150,000

のれん償却：既償却期間3年（X2年4月1日～X5年3月31日）
2,550,000円÷（20年−3年）＝**150,000円**

②　当期に生じたのれんの償却

借方	金額	貸方	金額
（のれん償却）	60,000	（のれん）	60,000

のれん償却：1,200,000円÷20年＝**60,000円**

問2　連結会計

（1）株式取得時の仕訳（個別財務諸表上の処理）

名古屋物産の株式を50%超取得しているので、**子会社株式**（**資産**）として処理します。

（子会社株式）	**43,400,000**	**（当座預金）**	**43,400,000**

子会社株式　：@1,550円×28,000株＝**43,400,000円**

（2）連結修正仕訳（連結財務諸表上の処理）

連結財務諸表を作成するための修正仕訳を行います。

①　投資と資本の相殺消去

東日本株式会社は名古屋物産の株式を70%所有しているので、残りの30%部分については**非支配株主持分**（**純資産**）として処理します。また、投資消去差額については**のれん**（**資産**）として処理します。

親会社株主持分比率：$\frac{28,000\text{株}}{40,000\text{株}}\times 100(\%)=70\%$

非支配株主持分比率：$\frac{12,000\text{株}}{40,000\text{株}}\times 100(\%)=30\%$

（資本金）	**40,000,000**	**（子会社株式）**	**43,400,000**
（資本準備金）	**12,000,000**	**（非支配株主持分）**	**18,000,000**
（繰越利益剰余金）	**8,000,000**		
（のれん）	**1,400,000**		

資本金　：問題文より**40,000,000円**
資本準備金　：問題文より**12,000,000円**
繰越利益剰余金　：問題文より**8,000,000円**
のれん　：（40,000,000円＋12,000,000円＋8,000,000円）×70%－43,400,000円＝**－1,400,000円または貸借差額**
子会社株式　：@1,550円×28,000株＝**43,400,000円**
非支配株主持分　：（40,000,000円＋12,000,000円＋8,000,000円）×30%＝**18,000,000円**

②　のれんの償却

問題文の指示にしたがい、20年間にわたり償却します。

（のれん償却）	**70,000**	**（のれん）**	**70,000**

のれん償却　：1,400,000円÷20年＝**70,000円**

③　非支配株主に帰属する当期純損益の振替

当期純利益のうち、非支配株主に帰属する分を適切に処理します。

（非支配株主に帰属する当期純利益）	1,200,000	（非支配株主持分）	1,200,000

非支配株主に帰属する当期純利益　：4,000,000円×30％＝**1,200,000円**

④　土地に含まれる未実現損益の消去

本問は親会社が子会社に売却するダウン・ストリームのケースなので、親会社が計上した売却損益を消去します。

（土地売却益）	3,000,000	（土地）	3,000,000

土地売却益　：18,000,000円－15,000,000円＝**3,000,000円**

第 3 問	配点 20 点　目標点 16 点

・本問は損益計算書の作成問題です。
・最近は難易度が高い問題が出題される傾向ですので、こういった比較的平易なレベルの問題が出題された場合、ミスなく得点できるよう準備しておきましょう。

解答（●数字につき配点）

損益計算書

自X2年4月1日　至X3年3月31日

(単位：円)

Ⅰ 売上高		❷ (26,650,000)
Ⅱ 売上原価		
1 期首商品棚卸高	(680,000)	
2 当期商品仕入高	(16,750,000)	
合計	(17,430,000)	
3 期末商品棚卸高	(840,000)	
差引	(16,590,000)	
4 棚卸減耗損	❷ (120,000)	
5 商品評価損	(30,000)	(16,740,000)
売上総利益		(9,910,000)
Ⅲ 販売費および一般管理費		
1 給料	(7,200,000)	
2 保険料	❷ (240,000)	
3 修繕費	❷ (235,000)	
4 貸倒引当金繰入	❷ (44,000)	
5 減価償却費	❷ (793,200)	
6 支払手数料	(124,000)	
7 退職給付費用	(205,000)	(8,841,200)
営業利益		(1,068,800)
Ⅳ 営業外収益		
1 有価証券評価益		❷ (50,000)
Ⅴ 営業外費用		
1 支払利息		❷ (131,000)
経常利益		(987,800)
Ⅵ 特別利益		
1 固定資産売却益		❷ (990,000)
Ⅶ 特別損失		
1 投資有価証券売却損		(320,000)
税引前当期純利益		(1,657,800)
法人税、住民税及び事業税		(497,340)
当期純利益		❷ (1,160,460)

解説 

1．全体像の把握

本問は、損益計算書の作成問題で、決算にあたっての修正事項と決算整理事項について問われています。修正事項をさきに解き、その処理を前提に決算整理を行うので、修正事項の仕訳が決算整理仕訳のどの部分とつながるかあらかじめ把握しておきましょう。

また、損益計算書の作成に関係ある収益、費用項目を中心に集計し、時間を意識して解きましょう。

2．決算にあたっての修正事項

（1）商品の販売

当社は検収基準にもとづき収益を認識しているので、検収の連絡があった時点で収益を認識します。

（売掛金）	**150,000**	**（売上）**	**150,000**

（2）固定資産の購入

建物の内装工事にかかる金額は建物の取得原価に含まれます。したがって、**建物**（**資産**）の増加として処理するとともに、修繕費を減少させる訂正仕訳をします。

（建物）	**400,000**	**（修繕費）**	**400,000**

（3）固定資産の売却

土地の売却に関する処理が行われていないため、仕訳を行います。

（当座預金）	**2,650,000**	**（土地）**	**2,500,000**
		（固定資産売却益）	**150,000**

固定資産売却益　：2,650,000円－2,500,000円＝**150,000円**

（4）退職金の処理

退職金に関する処理が仮払金勘定で処理されているため、正しい処理を行います。なお、問題文に退職給付引当金を充当する指示があるため、**退職給付引当金**（**負債**）で処理します。

（退職給付引当金）	**75,000**	**（仮払金）**	**75,000**

3．決算整理事項

（1）売上原価の計算と期末商品の評価

①　売上原価の計算

期首商品棚卸高を繰越商品勘定から仕入勘定に振り替えるとともに、期末商品棚卸高を仕入勘定から繰越商品勘定に振り替えます。なお、修正事項に関しては考慮済みですので特に処理は必要ありません。

（仕　　　　　入）	680,000	（繰　越　商　品）	680,000
（繰　越　商　品）	840,000	（仕　　　　　入）	840,000

② **棚卸減耗損の計算**

問題文の指示にしたがい、**棚卸減耗損**（**費用**）を計上します。

（棚　卸　減　耗　損）	120,000	（繰　越　商　品）	120,000

③ **商品評価損の計算**

問題文の指示にしたがい、**商品評価損**（**費用**）を計上します。

（商　品　評　価　損）	30,000	（繰　越　商　品）	30,000

④ **仕入勘定への振り替え**

問題文の指示により、棚卸減耗損と商品評価損は売上原価の内訳科目として処理するため、仕入勘定へ振り替えます。

（仕　　　　　入）	120,000	（棚　卸　減　耗　損）	120,000
（仕　　　　　入）	30,000	（商　品　評　価　損）	30,000

（2）貸倒引当金の設定

期末債権について貸倒引当金を設定します。なお、修正事項を考慮することに注意しましょう。

（貸倒引当金繰入）	44,000	（貸　倒　引　当　金）	44,000

貸倒引当金繰入　：(3,600,000円＋150,000円) ×1.5%＝56,250円（売掛金）

1,240,000円×0.5%＝6,200円（クレジット売掛金）

(56,250円＋6,200円) －18,450円＝**44,000円**

（3）減価償却費の計上

① **建物**

建物に関する減価償却費を計上します。なお、修正事項を考慮することに注意しましょう。

（減　価　償　却　費）	270,000	（建物減価償却累計額）	270,000

減価償却費　：(1,200,000円＋400,000円) ÷20年×$\frac{3か月}{12か月}$＝**20,000円**（**新規分**）

(6,200,000円－1,200,000円) ÷20年＝**250,000円**（**既存分**）

20,000円＋250,000円＝**270,000円**

② 備品

備品に関する減価償却費を200%定率法により計上します。

(減価償却費)	403,200	(備品減価償却累計額)	403,200

減価償却費：$\frac{1年}{5年}$×200（%）＝0.4（償却率）
（2,800,000円－1,792,000円）×0.4＝**403,200円**

③ 車両運搬具

車両運搬具に関する減価償却費を生産高比例法により計上します。

(減価償却費)	120,000	(車両運搬具減価償却累計額)	120,000

減価償却費：1,500,000円×$\frac{12,000km}{150,000km}$＝**120,000円**

（4）有価証券の評価

① 売買目的有価証券

売買目的有価証券は時価で評価し、帳簿価額との差額は**有価証券評価損益**で処理します。

(売買目的有価証券)	50,000	(有価証券評価損益)	50,000

有価証券評価益：580,000円－530,000円＝**50,000円（評価益）**

② その他有価証券

その他有価証券は時価で評価し、取得原価との差額は**その他有価証券評価差額金**（**純資産**）で処理します。

(その他有価証券)	110,000	(その他有価証券評価差額金)	110,000

その他有価証券評価差額金：960,000円－850,000円＝**110,000円**

（5）退職給付引当金の計上

退職給付引当金（**負債**）を計上します。なお、修正事項を考慮することに注意しましょう。

(退職給付費用)	205,000	(退職給付引当金)	205,000

退職給付費用：650,000円－（520,000円－75,000円）＝**205,000円**

（6）支払利息の計上

本問では利息を前払いしているため、当期に帰属する金額を**支払利息**（**費用**）で処理します。

(支払利息)	9,000	(前払利息)	9,000

支払利息：36,000円×$\frac{1か月（X3年3月）}{4か月（X3年3月～X3年6月）}$＝**9,000円**

（7）保険料の前払い

毎期同額の保険料を前払いしているため、次期以降に帰属する金額を**前払保険料**（**資産**）で処理します。

（前払保険料）	**60,000**	**（保　険　料）**	**60,000**

前払保険料　：300,000円×$\frac{3\text{か月（X3年4月〜X3年6月）}}{15\text{か月（X2年4月〜X3年6月）}}$＝**60,000円**

（8）法人税、住民税及び事業税の計上

問題文の指示にしたがい、税引前当期純利益の30%を計上します。

（法人税、住民税及び事業税）	**497,340**	**（仮払法人税等）**	**100,000**
		（未払法人税等）	**397,340**

法人税、住民税及び事業税　：1,657,800円（税引前当期純利益）×30%＝**497,340円**

第 4 問	配点 20 点　目標点 20 点

・本問は費目別計算からの仕訳問題です。
・工業簿記では、表を作成する問題や、ボックス図、差異分析図といった図表が重要視され仕訳が疎かになりがちです。勘定連絡図と仕訳を関連付けて理解しましょう。

解答（仕訳１組につき各４点）

	仕		訳	
	借方科目	金額	貸方科目	金額
1	**材料**	**740,000**	**買掛金** **材料副費**	**680,000** **60,000**
2	**材料副費差異**	**4,500**	**材料副費**	**4,500**
3	**仕掛品** **製造間接費**	**756,000** **31,500**	**賃金・給料**	**787,500**
4	**仕掛品**	**2,448,000**	**製造間接費**	**2,448,000**
5	**予算差異** **操業度差異**	**52,000** **20,000**	**製造間接費**	**72,000**

解説

1．全体像の把握

費目別計算の仕訳問題です。第１問と同様、解きやすい問題から解答しましょう。

2．材料副費の予定配賦（問１）

材料副費の予定配賦に関する仕訳です。材料副費を予定配賦する場合、貸方に予定配賦額を記入します。

材　　　料　：680,000 円＋60,000 円＝**740,000 円**
買　掛　金　：400 円 /kg×1,500kg＋80,000 円＝**680,000 円**
材 料 副 費　：600,000 円×10％＝**60,000 円**

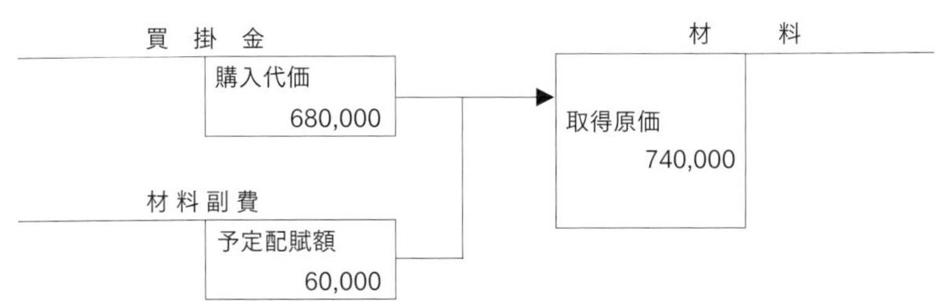

3. 材料副費差異の計算（問2）

材料副費の配賦差異に関する仕訳です。実際発生額と予定配賦額を比較して材料副費差異を計算します。

材料副費差異　：60,000円－64,500円＝**－4,500円（不利差異）**

材料副費

実際発生額 64,500	予定配賦額 60,000
	差異 4,500

4. 労務費の計算（問3）

直接労務費と間接労務費に関する仕訳です。直接労務費は直接作業時間（加工時間、段取時間）、間接労務費は間接作業時間、手待時間で計算します。

仕　掛　品　：@1,050円×（650時間＋70時間）＝**756,000円**
（直接作業時間（720h））

製造間接費　：@1,050円×（20時間＋10時間）＝**31,500円**
（間接・手待（30h））

5. 製造間接費の予定配賦（問4）

問題文の指示により、直接作業時間を配賦基準として予定配賦します。

（1）予定配賦率の算定

直接作業時間を配賦基準としているので、製造間接費の年間予算額を年間の予定総直接作業時間で割って計算します。

予定配賦率　：$\frac{29,784,000円}{8,760時間}$＝**3,400円/時間**

（2）予定配賦額の計算

予定配賦率に直接工の実際直接作業時間を掛けて計算します。

予定配賦額　：3,400円/時間×720時間＝**2,448,000円**

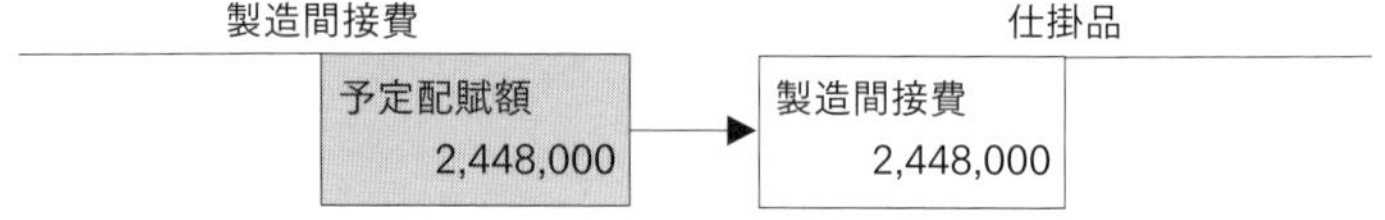

6. 製造間接費差異の分析（問5）

問題文の指示に従って、公式法変動予算により差異分析を行います。

（1）固定費率と変動費率の算定

固定費率は、固定費の年間予算額を年間の予定総直接作業時間で除して計算します。

固　定　費　率　：$\frac{17,520,000\text{円}}{8,760\text{時間}}$＝**2,000 円/時間**
変　動　費　率　：3,400 円/時間－2,000 円/時間＝**1,400 円/時間**

（2）予算差異の計算

予算差異は､月間の製造間接費の実際発生額と予算許容額との差額で計算します。

月間基準操業度　：8,760 時間÷12 か月＝730 時間
月間固定費予算　：17,520,000 円÷12 か月＝1,460,000 円
予 算 許 容 額　：1,400 円/時間×720 時間＋1,460,000 円＝2,468,000 円
予　算　差　異　：2,468,000 円－2,520,000 円＝**－52,000 円（不利差異）**

（3）操業度差異の計算

操業度差異は､月間操業度と基準操業度との差額に固定費率を掛けて計算します。

操 業 度 差 異　：(720 時間－730 時間）×2,000 時間/円＝**－20,000 円（不利差異）**

以上の差異分析を分析図で示すと、次のようになります。

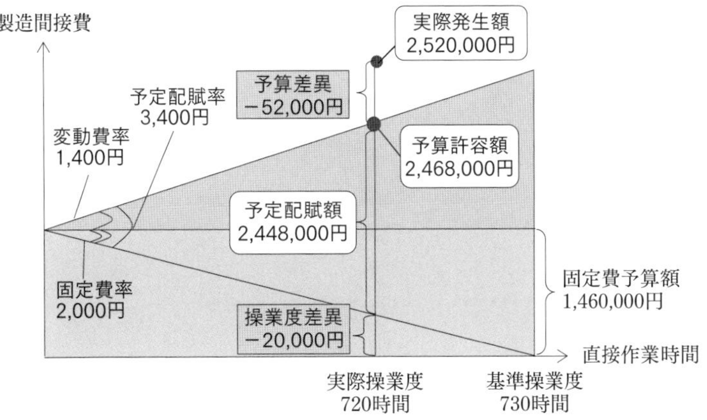

第 5 問	配点 20 点　目標点 16 点

・本問はＣＶＰ分析からの出題です。
・ＣＶＰ分析は計算式を暗記して解答する方法もありますが、本質を理解しておけば公式の暗記は不要です。応用力を養うためにも、ＣＶＰ分析の本質を理解しましょう。

解答（各４点）

問１　**1,125 個**

問２　**4,250 万円**

問３　**43.75％**

問４　**800 万円**

問５　**160 万円**

解説

１．全体像の把握

直接原価計算からＣＶＰ分析が問われています。簡易な損益計算書を作成して問われている箇所を解答しましょう。

２．損益分岐点販売数量の計算（問１）

損益分岐点の営業利益はゼロになるので、営業利益がゼロになる損益計算書を作成し、損益分岐点売上高をＳとして計算します。そして、その損益分岐点売上高を販売単価で割り販売数量を計算します。

変　動　費　：2,200 万円＋200 万円＝**2,400 万円**
固　定　費　：750 万円＋150 万円＝**900 万円**
変 動 費 率　：2,400 万円÷4,000 万円＝**0.6（60%）**

損益計算書（直接原価計算）	
Ⅰ．売　上　高	S
Ⅱ．変　動　費	0.6S
貢 献 利 益	0.4S
Ⅲ．固　定　費	900
営 業 利 益	0

損益分岐点売上高

0.4 S －900 万円＝0

S ＝**2,250 万円**

損益分岐点販売数量

2,250 万円÷@2 万円＝**1,125 個**

3．目標営業利益達成のための売上高（問2）

目標とする営業利益800万円を損益計算書の営業利益の金額に入れて計算します。

損益計算書（直接原価計算）	
Ⅰ．売　上　高	S
Ⅱ．変　動　費	0.6S
貢献利益	0.4S
Ⅲ．固　定　費	900
営業利益	800

目標営業利益達成のための売上高

0.4 S －900万円＝800万円

S ＝**4,250万円**

4．安全余裕率の計算（問3）

安全余裕率とは、売上高が損益分岐点とどれだけ離れているかの指標で、次のように計算します。

$$\frac{4,000\text{万円}-2,250\text{万円}}{4,000\text{万円}}\times 100(\%)=\mathbf{43.75\%}$$

5．固定費の引き下げ（問4）

損益分岐点を250万円引き下げるための固定費をXとして計算します。

損益計算書（直接原価計算）	
Ⅰ．売　上　高	2,000
Ⅱ．変　動　費	1,200
貢献利益	800
Ⅲ．固　定　費	X
営業利益	0

売　上　高：2,250万円－250万円＝2,000万円

変　動　費：2,000万円×60％＝1,200万円

貢献利益：2,000万円×40％＝800万円

固　定　費：**X円**

営業利益：0円

800万円－X＝0円

X＝**800万円**

6．売上高と営業利益の関係（問5）

売上高に400万円を加算して営業利益を計算します。

損益計算書（直接原価計算）	
Ⅰ．売　上　高	4,400
Ⅱ．変　動　費	2,640
貢献利益	1,760
Ⅲ．固　定　費	900
営業利益	860

売　上　高：4,000万円＋400万円＝4,400万円

変　動　費：4,400万円×60％＝2,640万円

貢献利益：4,400万円×40％＝1,760万円

固　定　費：900万円

営業利益：1,760万円－900万円＝860万円

860万円（増加後）－700万円（増加前）＝**160万円**（差額）

第2回　予想問題　解答・解説

	第1問	第2問	第3問	第4問	第5問	合計
目標点	16点	20点	14点	16点	20点	86点
1回目	点	点	点	点	点	点
2回目	点	点	点	点	点	点

解く順番とアドバイス

第1問	問題文全体を読み、一番簡単な問題から解きましょう。
第4問	仕訳問題なので、簡単な問題から解きましょう。
第5問	冷静に解けば満点が狙える問題です。落ち着いて解答しましょう。
第2問	表形式の解答欄なので、解答を記入する箇所に注意しましょう。
第3問	時間配分に注意し、取捨選択しつつ解きましょう。

第1問	配点20点　目標点16点

・まずは、比較的簡単な問2、問4から解きましょう。
・勘定科目名がわからない場合、勘定科目一覧もヒントになりますので確認しましょう。
・読み取りにくい問題については、センテンスごとに区切って考えましょう。

解答（仕訳1組につき各4点）

	仕		訳	
	借方科目	金額	貸方科目	金額
1	現金	110,000	売上	400,000
	クレジット売掛金	318,000	仮受消費税	40,000
	支払手数料	12,000		
2	リース資産	300,000	リース債務	300,000
3	役務原価	500,000	普通預金	500,000
	前受金	800,000	役務収益	800,000
4	売掛金	375,000	売上	375,000
	売上原価	300,000	商品	300,000
5	建物減価償却累計額	5,600,000	建物	8,000,000
	未決算	2,000,000		
	火災損失	400,000		

解説

1．クレジット販売

1．商品を¥400,000（税抜）で販売し、このうち消費税込みで¥110,000を現金で受取り、残額をクレジット払いの条件とするとともに、信販会社へのクレジット手数料（クレジット販売代金の４％）も販売時に計上した。なお、消費税の税率は10%とし、税抜方式で処理するが、クレジット手数料には消費税は課税されない。また、商品売買に関しては三分法で記帳している。

・クレジットに関する手数料は**支払手数料（費用）**で処理します。なお、手数料に消費税は課税されないので注意しましょう。

現　　　　金	：問題文より **110,000円**
クレジット売掛金	：**貸借差額** または 400,000円－100,000円＝300,000円 300,000円－12,000円＝288,000円（手数料控除後） 300,000円×10%＝30,000円（消費税） 288,000円＋30,000円＝**318,000円**
支 払 手 数 料	：300,000円×4%＝**12,000円**
売　　　　上	：問題文より **400,000円**
仮 受 消 費 税	：400,000円×10%＝**40,000円**

2．リース取引

2．X1年4月1日、リース会社から複合機をリースする契約を結び、リース取引を開始した。リース期間は3年、リース料は年間¥120,000（毎年3月末払い）、リースする複合機の見積現金購入価額は¥300,000である。なお、当社の決算日は3月31日（1年決算）であり、また、このリース取引はファイナンス・リース取引（利子抜き法）で会計処理を行う。

・問題文より、ファイナンス・リース取引で、かつ利子抜き法を採用していることが判明するので、利息相当額を控除した見積現金購入価額でリース資産とリース債務を処理します。

リ ー ス 資 産	：問題文より **300,000円**
リ ー ス 債 務	：問題文より **300,000円**

3．サービス業の会計処理

3．旅行業を営む東海トラベルは、ツアーを催行し、宿泊費、交通費など、¥500,000につき普通預金口座を通じて支払った。なお、ツアー代金合計¥800,000は事前に現金で受け取っている。

・サービス業では、サービスの提供を行った時点で**役務収益（収益）**として処理するとともに、その提供したサービスに対する費用を**役務原価（費用）**で処理します。

役務原価	：問題文より **500,000円**
前受金	：問題文より **800,000円**
普通預金	：問題文より **500,000円**
役務収益	：問題文より **800,000円**

4．商品売買（売上原価対立法）

4．横須賀商事は、商品500個（原価@¥600、売価@¥750）を売り上げ、代金は掛けとした。なお、横須賀商事は商品売買に関して、商品を仕入れたとき商品勘定に記入し、販売したそのつど売上原価を売上原価勘定に振り替える方法で記帳している。

・販売したそのつど売上原価に振り替える方法は、商品を仕入れたときに仕入勘定（費用）を使用せず**商品（資産）**の増加として処理しています。

・販売時は、売上を計上するとともに、その売上げに対応する原価を**売上原価（費用）**で処理します。

売掛金	：@750円×500個＝**375,000円**
売上原価	：@600円×500個＝**300,000円**
売上	：@750円×500個＝**375,000円**
商品	：@600円×500個＝**300,000円**

5. 固定資産の減失

5. 当期首に、建物（取得原価¥8,000,000、減価償却累計額¥5,600,000、間接法で記帳）が火災により全焼した。この建物には総額¥2,000,000の火災保険を掛けていたので、保険会社に保険金の支払いを請求した。

・固定資産が火災により減失した場合、対象となる固定資産を減少させます。なお、保険が付されている場合、保険金が確定するまで**未決算勘定**で処理します。

・未決算の金額が保険契約の金額を超えている場合、その差額はすでに損失が確定しているので**火災損失（費用）**として処理します。

建物減価償却累計額	：問題文より **5,600,000円**
未決算	：問題文より **2,000,000円**
火災損失	：8,000,000円－5,600,000円－2,000,000円＝**400,000円**
建物	：問題文より **8,000,000円**

第 2 問	配点 20 点　目標点 20 点
・日商2級のレベルが難化傾向にあるので、比較的簡単な論点の株主資本等変動計算書が出題されたら合格のチャンスです。慎重に解きつつ満点を狙っていきましょう。	

解答（●数字につき配点）

株主資本等変動計算書

自 X2 年 4 月 1 日　至 X3 年 3 月 31 日　（単位：千円）

	株主資本			
	資本金	資本剰余金		
		資本準備金	その他資本剰余金	資本剰余金合計
当期首残高	25,000	2,000	1,200	3,200
当期変動額				
新株の発行	（ 1,400）	❷（ 600）		（ 600）
剰余金の配当		（ 25）	❷△（ 275）	△（ 250）
別途積立金の積立				
当期純利益				
株主資本以外の項目の当期変動額（純額）				
当期変動額合計	（ 1,400）	❷（ 625）	△（ 275）	（ 350）
当期末残高	❷（ 26,400）	（ 2,625）	（ 925）	（ 3,550）

（上段より続く）

	株主資本					評価・換算差額等		純資産合計
	利益剰余金				株主資本合計	その他有価証券評価差額金	評価・換算差額等合計	
	利益準備金	その他利益剰余金		利益剰余金合計				
		別途積立金	繰越利益剰余金					
当期首残高	750	200	1,250	2,200	30,400	50	50	30,450
当期変動額								
新株の発行					（ 2,000）			（ 2,000）
剰余金の配当	（ 100）		❷△（1,100）	△（ 1,000）	△（ 1,250）			△（ 1,250）
別途積立金の積立		（300）	△（ 300）	—	—			—
当期純利益			（1,450）	（ 1,450）	❷（ 1,450）			（ 1,450）
株主資本以外の項目の当期変動額（純額）						（ 70）	（ 70）	（ 70）
当期変動額合計	（ 100）	❷（300）	（ 50）	（ 450）	（ 2,200）	❷（ 70）	（ 70）	（ 2,270）
当期末残高	（ 850）	（500）	（1,300）	❷（ 2,650）	（32,600）	（ 120）	（ 120）	❷（32,720）

解説 

1．全体像の把握

本問は、仕訳自体は平易な内容ですが、株主資本等変動計算書への記入で転記ミスが生じる可能性があります。

したがって、ケアレスミスが生じないよう仕訳を下書用紙に記入し、転記ミスが生じないよう注意して解答しましょう。

2．期中取引の処理

（1）6月11日の仕訳（増資）

問題文の指示に従い、**資本金（純資産）**および**資本準備金（純資産）**の増加として処理します。

（当座預金）	2,000,000	（資本金）	1,400,000
		（資本準備金）	600,000

当座預金　：問題文より **2,000,000円**
資本金　：2,000,000円×70％＝**1,400,000円**
資本準備金　：2,000,000円×30％＝**600,000円**

（2）6月30日の仕訳（剰余金の配当および処分）

株主への配当がその他資本剰余金と繰越利益剰余金から行われているため、**資本準備金（純資産）**と**利益準備金（純資産）**を積み立てる必要があります。

①　その他資本剰余金と繰越利益剰余金の配当

その他資本剰余金（純資産）と**繰越利益剰余金（純資産）**から配当します。

（その他資本剰余金）	250,000	（未払配当金）	1,250,000
（繰越利益剰余金）	1,000,000		

その他資本剰余金　：問題文より **250,000円**
繰越利益剰余金　：1,250,000円－250,000円＝**1,000,000円**

②　資本準備金と利益準備金の積み立て

会社法の規定にもとづき、配当金の10分の1を、**資本準備金（純資産）**と**利益準備金（純資産）**の合計額が資本金の4分の1に達するまで積み立てる必要があります。

（その他資本剰余金）	25,000	（資本準備金）	25,000
（繰越利益剰余金）	100,000	（利益準備金）	100,000

資本準備金　：250,000円×$\frac{1}{10}$＝**25,000円**
利益準備金　：1,000,000円×$\frac{1}{10}$＝**100,000円**

③　別途積立金の積み立て

繰越利益剰余金（**純資産**）から**別途積立金**（**純資産**）へ積み立てます。

（繰越利益剰余金）	300,000	（別途積立金）	300,000

繰越利益剰余金　：問題文より300,000円
別途積立金　：問題文より300,000円

（3）3月31日の仕訳

①　その他有価証券の時価評価

その他有価証券の取得原価と時価との差額を**その他有価証券評価差額金**（**純資産**）に計上します。

なお、前期末に計上されているその他有価証券評価差額金の再振替仕訳も行う必要があり、その純額を株主資本等変動計算書に記入します。

再振替仕訳

（その他有価証券評価差額金）	50,000	（その他有価証券）	50,000

その他有価証券評価差額金　：株主資本等変動計算書より50,000円

決算時の仕訳

（その他有価証券）	120,000	（その他有価証券評価差額金）	120,000

その他有価証券評価差額金　：1,550,000円（前期末時価）－50,000円（評価差額）＝1,500,000円（取得原価）
1,620,000円（当期末時価）－1,500,000円（取得原価）＝120,000円（評価差額）

②　当期純利益の振替

当期純利益を損益勘定から**繰越利益剰余金**（**純資産**）へ振り替えます。

（損益）	1,450,000	（繰越利益剰余金）	1,450,000

繰越利益剰余金　：問題文より1,450,000円

第 3 問	配点 20 点　目標点 14 点
・本問は貸借対照表の作成です。未処理事項で若干読み取りにくく、また当期純利益を計算しないと解答できない箇所もあるので、時間配分に注意して解答しましょう。	

解答（●数字につき配点）

貸借対照表

X3 年 3 月 31 日

（単位：円）

資産の部			負債の部		
Ⅰ 流動資産			Ⅰ 流動負債		
現金預金		(❷3,250,000)	支払手形		(840,000)
受取手形	(525,000)		買掛金		(1,342,500)
売掛金	(1,275,000)		未払費用		(❷ 13,500)
計	(1,800,000)		未払法人税等		(73,800)
貸倒引当金	(❷ 27,000)	(1,773,000)	未払消費税		(❷ 222,500)
商品		(❷1,765,000)	賞与引当金		(❷ 450,000)
流動資産合計		(6,788,000)	流動負債合計		(2,942,300)
Ⅱ 固定資産			Ⅱ 固定負債		
建物	(6,750,000)		長期借入金		(1,800,000)
減価償却累計額	(1,788,750)	(4,961,250)	固定負債合計		(1,800,000)
備品	(1,350,000)		負債合計		(4,742,300)
減価償却累計額	(❷ 658,800)	(691,200)	純資産の部		
のれん		(❷ 255,000)	Ⅰ 資本金		(7,500,000)
投資有価証券		(❷1,480,000)	Ⅱ 資本剰余金		
固定資産合計		(7,387,450)	資本準備金		(700,000)
			Ⅲ 利益剰余金		
			利益準備金	(500,000)	
			繰越利益剰余金	(❷ 733,150)	(1,233,150)
			純資産合計		(9,433,150)
資産合計		(14,175,450)	負債及び純資産合計		(14,175,450)

1．全体像の把握

本問は貸借対照表の作成問題ですが、法人税等の計算で税引前当期純利益の額を算定する必要があるので、損益項目も集計する必要があります。

他の問題とのバランスを考え時間的に厳しい場合、法人税等の論点は後回しにして進める事も必要です。

2．未処理事項

（1）売上げの取消し

商品が出荷されなかったため、売上処理を取り消します。

（売　　　上）	150,000	（売　掛　金）	165,000
（仮受消費税）	15,000		

仮受消費税：150,000円×10％＝**15,000円**

（2）約束手形の決済

（当座預金）	120,000	（受取手形）	120,000

（3）貸倒れに関する処理

貸倒れに関する処理を行います。なお、当期発生の貸倒れについては**貸倒損失（費用）**で処理します。

（貸倒損失）	30,000	（売　掛　金）	80,000
（貸倒引当金）	50,000		

貸倒引当金：80,000円－30,000円＝**50,000円**

（4）手形の割引き

手形の割引料は**手形売却損（費用）**で処理します。

（当座預金）	287,500	（受取手形）	300,000
（手形売却損）	12,500		

当座預金：300,000円－12,500円＝**287,500円**

3．決算整理仕訳

（1）貸倒引当金の設定

期末債権について貸倒引当金を設定します。なお、未処理事項を考慮することに注意しましょう。

（貸倒引当金繰入）	2,000	（貸倒引当金）	2,000

貸倒引当金繰入：945,000円－120,000円－300,000円＝525,000円（受取手形）
1,520,000円－165,000円－80,000円＝1,275,000円（売掛金）
（525,000円＋1,275,000円）×1.5％＝27,000円（貸倒引当金設定額）
27,000円－（75,000円－50,000円）＝**2,000円**

（2）売上原価の計算と期末商品の評価

①　計上もれに関する処理

（仕入）	25,000	（買掛金）	27,500
（仮払消費税）	2,500		

仮払消費税：25,000円×10％＝**2,500円**

②　売上原価の計算

期首商品棚卸高を繰越商品勘定から仕入勘定に振り替えるとともに、期末商品棚卸高を仕入勘定から繰越商品勘定に振り替えます。なお、期末商品棚卸高は未処理事項および計上もれを考慮して計算します。

（仕入）	1,867,000	（繰越商品）	1,867,000
（繰越商品）	1,785,000	（仕入）	1,785,000

繰越商品（期末）：1,655,000円＋105,000円（未処理事項）＋25,000円（計上もれ）＝**1,785,000円**

③　棚卸減耗損の計算

問題文の指示にしたがい、**棚卸減耗損（費用）**を計上します。なお、実地棚卸高に未処理事項が含まれていないことに注意しましょう。

（棚卸減耗損）	20,000	（繰越商品）	20,000

棚卸減耗損：1,660,000円＋105,000円（未処理事項）＝1,765,000円（実地棚卸高）
1,785,000円－1,765,000円＝**20,000円**

（3）減価償却費の計上

①　建物

建物に関する減価償却費を定額法により計上します。

（減　価　償　却　費）　168,750　（建物減価償却累計額）　168,750

減　価　償　却　費　：6,750,000 円÷40 年＝**168,750 円**

②　備品

備品に関する減価償却費を 200％定率法により計上します。

（減　価　償　却　費）　172,800　（備品減価償却累計額）　172,800

減　価　償　却　費　：$\frac{1年}{10年}$×200（％）＝0.2（償却率）
（1,350,000 円－486,000 円）×0.2＝**172,800 円**

（4）消費税に関する処理

決算整理前残高試算表の仮払消費税と仮受消費税を相殺し、**未払消費税（負債）**を計上します。なお、未処理事項を計算に含めることに注意しましょう。

（仮　受　消　費　税）　770,000　（仮　払　消　費　税）　547,500
（未　払　消　費　税）　222,500

仮　受　消　費　税　：785,000 円－15,000 円（未処理事項）＝**770,000 円**
仮　払　消　費　税　：545,000 円＋2,500 円（計上もれ）＝**547,500 円**
未　払　消　費　税　：770,000 円－547,500 円＝**222,500 円**

（5）満期保有目的債券に関する処理

額面総額と取得価額との差額が金利の調整と認められる場合、償却原価法で処理します。なお、本問の債券は前期の期首に取得しているため、前年度分を除いた残りの期間で計算します。

（満期保有目的債券）　5,000　（有　価　証　券　利　息）　5,000

満期保有目的債券　：（1,500,000 円－1,475,000 円）＝25,000 円
25,000 円×$\frac{12か月（X2年4月〜X3年3月）}{60か月（X2年4月〜X7年3月）}$＝**5,000 円**

（6）のれんの償却

のれんは前期の 10 月に取得していますので、当期首時点で 6 か月経過しています。したがって、114 か月が償却の対象になります。のれんの償却額は**のれん償却（費用）**で処理します。

（の　れ　ん　償　却）　30,000　（の　れ　ん）　30,000

の　れ　ん　：285,000 円×$\frac{12か月（X2年4月〜X3年3月）}{114か月（X2年4月〜X11年9月）}$＝**30,000 円**

（7）外貨建債務の換算

外貨建ての債務である買掛金2,000ドルを決算時の為替レートによる円換算額に換算し、換算差額を**為替差損益**として処理します。

（為替差損益）	10,000	（買掛金）	10,000

為替差損益：(113円/ドル－108円/ドル)×2,000ドル＝**10,000円（為替差損）**

（8）賞与引当金に関する処理

残高試算表には×2年10月から×3年2月までの5か月分計上されています。したがって、支給見積額との差額を追加計上します。

（賞与引当金繰入）	150,000	（賞与引当金）	150,000

賞与引当金繰入：450,000円－300,000円＝**150,000円**

（9）未払利息の計上

借入時から決算時までの利息の未払部分を**未払利息（負債）**として処理します。

（支払利息）	13,500	（未払利息）	13,500

未払利息：1,800,000円×3%×$\frac{3か月}{12か月}$＝**13,500円**

（10）法人税、住民税及び事業税の計算

税引前当期純利益に法人税率を掛けて法人税を計算します。なお、中間納付分である**仮払法人税等（資産）**を差し引いた金額は**未払法人税等（負債）**として処理します。

（法人税、住民税及び事業税）	103,800	（仮払法人税等）	30,000
		（未払法人税等）	73,800

法人税、住民税及び事業税：(7,735,000円（収益合計）－7,389,000円（費用合計）)×30%＝**103,800円**

売上：7,850,000円－150,000円＝**7,700,000円**
有価証券利息：30,000円＋5,000円＝**35,000円**
収益合計：7,735,000円

仕　　　　　入	：5,200,000円＋25,000＋1,867,000円－1,785,000円＝**5,307,000円**
給　　　　　料	：**1,052,450円**
貸　倒　損　失	：**30,000円**
貸倒引当金繰入	：**2,000円**
棚　卸　減　耗　損	：**20,000円**
減　価　償　却　費	：168,750円＋172,800円＝**341,550円**
賞与引当金繰入	：300,000円＋150,000円＝**450,000円**
の　れ　ん　償　却	：**30,000円**
為　替　差　損	：**10,000円**
支　払　利　息	：7,500円＋13,500円＝**21,000円**
手　形　売　却　損	：112,500円＋12,500円＝**125,000円**
費　用　合　計	：**7,389,000円**

（11）当期純利益の振り替え

損益勘定の貸借差額を繰越利益剰余金へ振り替えます。

（損　　　　益）　242,200　（繰越利益剰余金）　242,200

繰越利益剰余金　：(7,735,000円(収益合計)－7,389,000円(費用合計))－103,800円(法人税等)＝**242,200円(当期純利益)**

第４問	配点20点　目標点16点

・本問は実際個別原価計算の作成に関する仕訳問題です。
・個別原価計算と総合原価計算との違いを理解し、差異分析の方法を本問で確認しましょう。

解答（仕訳１組につき各４点）

	仕		訳	
	借方科目	金額	貸方科目	金額
1	**仕掛品**	**2,300,000**	**材料**	**2,300,000**
2	**仕掛品**	**588,000**	**製造間接費**	**588,000**
3	**製品**	**2,265,000**	**仕掛品**	**2,265,000**
4	**消費価格差異**	**135,000**	**材料**	**135,000**
5	**予算差異** **操業度差異**	**63,000** **24,000**	**製造間接費**	**87,000**

解説

1．全体像の把握

実際個別別計算の仕訳問題です。第１問と同様、全体を読んで一連の流れを理解して、解きやすい問題から解答しましょう。

2．直接材料費の予定消費額の計算（問１）

直接材料費は予定消費単価を用いて計算します。指図書ごとに材料勘定から仕掛品勘定に振り替えます。

予定消費額　：500円/kg×1,200kg＝　**600,000円**（＃101）
　　　　　　：500円/kg×1,500kg＝　**750,000円**（＃201）
　　　　　　：500円/kg×1,900kg＝　**950,000円**（＃301）
以上合計 **2,300,000円**

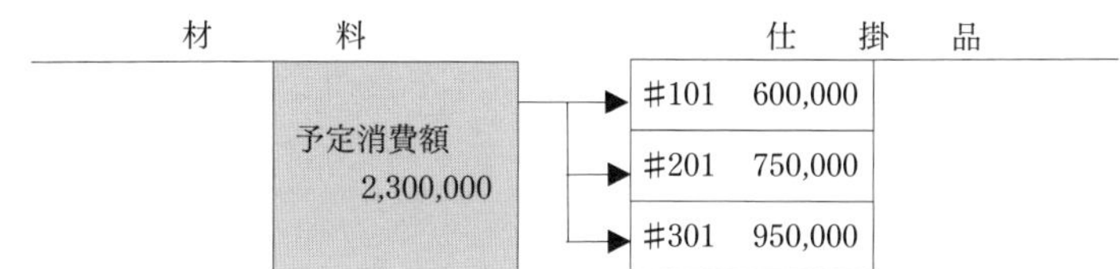

3．製造間接費の予定配賦（問2）

問題文の指示により、機械稼働時間を配賦基準として予定配賦します。

（1）固定費率の算定

機械稼働時間を配賦基準としているので、製造間接費の年間予算額を年間の予定機械稼働時間で割って計算します。本問では変動費率は判明しているので、固定費率を計算します。

固　定　費　率　：$\frac{4,320,000円}{10,800時間}$＝**400円/時間**

（2）予定配賦額の計算

予定配賦率に機械稼動時間を掛けて計算します。

予　定　配　賦　率　：300円/時間（変動費率）＋400円/時間（固定費率）＝700円/時間

予　定　配　賦　額　：700円/時間×250時間＝**175,000円**（＃101）
：700円/時間×360時間＝**252,000円**（＃201）
：700円/時間×230時間＝**161,000円**（＃301）
588,000円

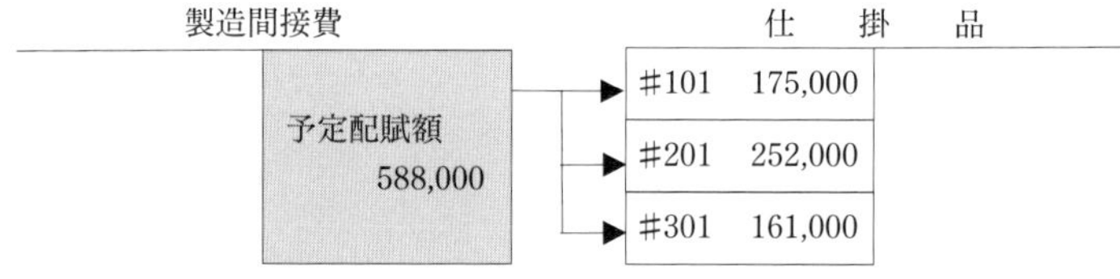

4．完成品原価の計算（問3）

完成品原価を仕掛品勘定から製品勘定へ振り替えるため、原価計算表を作成し、完成品原価を集計します。

（1）直接労務費の予定消費額の計算

直接労務費は予定平均賃率を用いて計算します。指図書ごとに賃金・給料勘定から仕掛品勘定に振り替えます。

予　定　消　費　額　：1,200円/時間×100時間＝**120,000円**（＃101）
：1,200円/時間×150時間＝**180,000円**（＃201）
：1,200円/時間×130時間＝**156,000円**（＃301）
456,000円

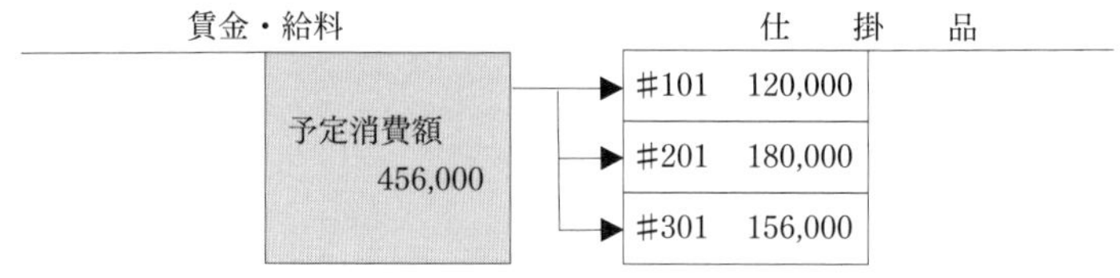

（2）原価計算表の作成

直接材料費、直接労務費、製造間接費を集計し、当期の完成品原価を計算します。

	＃101	＃201	＃301
月初仕掛品	—	188,000円	—
直接材料費	600,000円	750,000円	950,000円
直接労務費	120,000円	180,000円	156,000円
製造間接費	175,000円	252,000円	161,000円
合計	**895,000円**	**1,370,000円**	**1,267,000円**
	完成	完成	仕掛中

完成品原価　：895,000円（＃101）＋1,370,000円（＃201）＝**2,265,000円**

5．消費価格差異の計算（問4）

直接材料費の消費価格差異に関する仕訳です。まず、材料の払出単価を先入先出法により算出し、当月の実際消費額を計算します。そして、実際消費額と予定消費額を比較して消費価格差異を計算します。

材料

	借方	貸方
月初有高 520円/kg	月初数量 300kg	当月消費 4,600kg
当月仕入高 530円/kg	当月仕入 4,500kg	月末数量 200kg

当月実際消費額
520円/kg×300kg＝156,000円
530円/kg×（4,600kg－300kg）＝2,279,000円
156,000円＋2,279,000円＝**2,435,000円**

消費価格差異　：2,300,000円（予定消費額）－2,435,0000円（実際消費額）＝**－135,000円（不利差異）**

6．製造間接費差異の分析（問5）

問題文の指示に従って、公式法変動予算により差異分析を行います。

（1）予算差異の計算

予算差異は、月間の製造間接費の実際発生額と予算許容額との差額で計算します。

月間基準操業度　：10,800時間÷12か月＝900時間
月間固定費予算　：4,320,000円÷12か月＝360,000円
予算許容額　：300円/時間×840時間＋360,000円＝612,000円
予算差異　：612,000円－675,000円＝**－63,000円（不利差異）**

（2）操業度差異の計算

操業度差異は、月間の実際操業度と基準操業度との差に固定費率を掛けて計算します。

操 業 度 差 異	：(840 時間－900 時間) ×400 円 / 時間＝**－24, 000 円（不利差異）**

以上の差異分析を分析図で示すと、次のようになります。

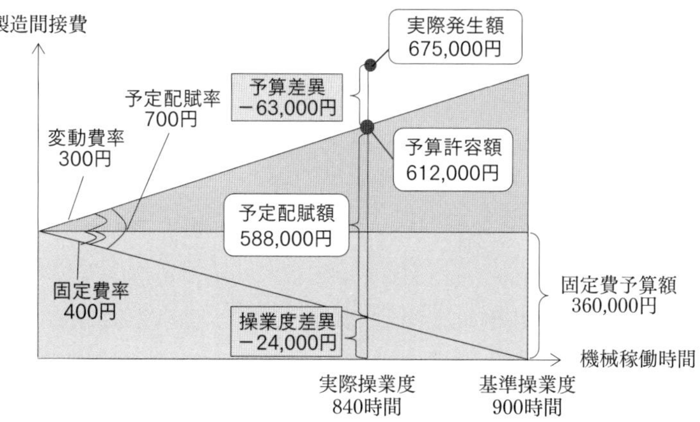

第 5 問	配点 20 点　目標点 20 点

・本問は等級別総合原価計算に関する問題です。
・等級別総合原価計算は、計算の際に積数を考慮しなければならない点に注意しましょう。

解答（各４点）

問1	月末仕掛品原価	**340,000** 円
問2	完成品総合原価	**11,000,000** 円
問3	完成品総合原価（Ａ製品）	**3,575,000** 円
問4	完成品総合原価（Ｂ製品）	**4,125,000** 円
問5	完成品総合原価（Ｃ製品）	**3,300,000** 円

解説

1．全体像の把握

本問は、製品原価の計算方法として完成品総合原価を製品１個あたりの重量によって定められた等価係数に完成品量を乗じた積数の比で各等級製品に按分する方法を採用しています。

したがって、まず通常の単純総合原価計算と同じように完成品総合原価を計算します。そして、その完成品総合原価を積数の比で按分して各製品ごとの完成品総合原価を計算します。

2．生産データの整理

生産データを整理します。本問は正常仕損が発生していますが、問題文の指示により完成品に負担させます。

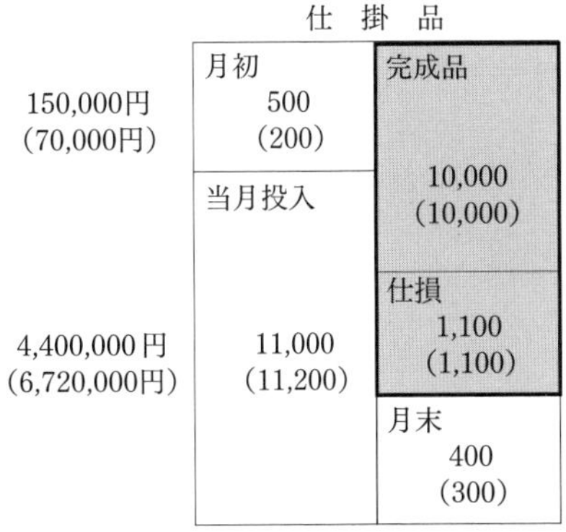

仕　掛　品

金額	借方	貸方
150,000円 (70,000円)	月初 500 (200)	完成品 10,000 (10,000)
4,400,000円 (6,720,000円)	当月投入 11,000 (11,200)	仕損 1,100 (1,100)
		月末 400 (300)

加工換算量　：月初　500 個×0.4＝200 個
　　　　　　　月末　400 個×0.75＝300 個

3．月末仕掛品原価の計算

月末仕掛品に配分する方法は先入先出法であるため、当月投入分から配分されたと仮定して計算します。

直接材料費　：$\dfrac{4,400,000円}{11,000個}$×400個＝**160,000円**
加工費　：$\dfrac{6,720,000円}{11,200個}$×300個＝**180,000円**
（合計）**340,000円**

4．完成品総合原価の計算

貸借差額で完成品総合原価を計算します。なお、仕損は工程の終点で発生しているため、完成品に負担させます。

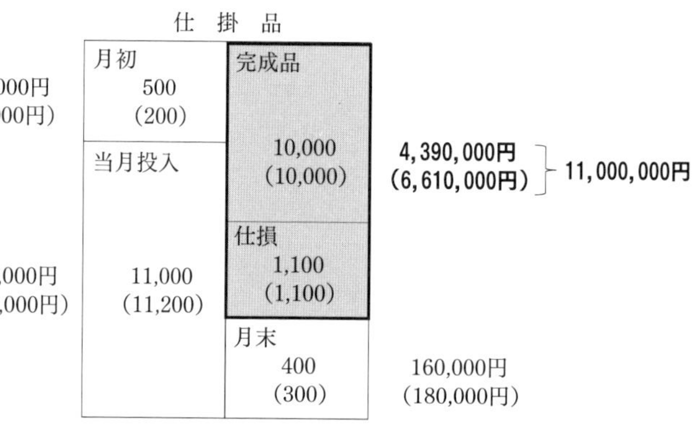

直接材料費　：150,000円＋4,400,000円－160,000円＝**4,390,000円**
加工費　：70,000円＋6,720,000円－180,000円＝**6,610,000円**

5．各等級製品の完成品総合原価の計算

各等級製品の完成品量に等価係数を掛けて積数を計算します。そして、その積数にもとづき完成品原価を各製品ごとに按分します。

等級製品	完成品量		等価係数		積数	完成品総合原価
A製品	5,000個	×	1.3	＝	6,500	**3,575,000円**
B製品	3,000個	×	2.5	＝	7,500	**4,125,000円**
C製品	2,000個	×	3.0	＝	6,000	**3,300,000円**
					20,000	**11,000,000円**

A　製　品　: $\frac{11,000,000円}{20,000}$ ×6,500＝**3,575,000円**

B　製　品　: $\frac{11,000,000円}{20,000}$ ×7,500＝**4,125,000円**

C　製　品　: $\frac{11,000,000円}{20,000}$ ×6,000＝**3,300,000円**

第3回 予想問題 解答・解説

	第1問	第2問	第3問	第4問	第5問	合計
目標点	16点	16点	14点	20点	16点	82点
1回目	点	点	点	点	点	点
2回目	点	点	点	点	点	点

解く順番とアドバイス

第1問	問題文全体を読み、一番簡単な問題から解きましょう。
第4問	高得点が期待できるので、慎重に解きましょう。
第5問	直接原価計算に苦手意識がある方は第2問から解きましょう。
第2問	計算した答えの記入を間違えないよう気をつけましょう。
第3問	残りの時間を意識し、解答できる部分から解答しましょう。

第1問	配点20点　目標点16点

・まずは、比較的簡単な問1から解きましょう。
・リース取引では、利子抜き法と利子込み法の違いに注意しましょう。
・合併時の処理につき、資産及び負債の評価は時価で行うことを確認しておきましょう。

解答（仕訳1組につき各4点）

	仕		訳	
	借方科目	金額	貸方科目	金額
1	研究開発費	4,450,000	普通預金	4,450,000
2	機械装置	5,000,000	営業外支払手形	6,500,000
	構築物	1,400,000		
	長期前払費用	100,000		
3	リース資産	3,000,000	リース債務	2,950,000
			当座預金	50,000
4	株式申込証拠金	50,000,000	資本金	25,000,000
			資本準備金	25,000,000
	当座預金	50,000,000	別段預金	50,000,000
5	諸資産	51,000,000	諸負債	21,000,000
			資本金	17,100,000
			その他資本剰余金	11,400,000
			負ののれん発生益	1,500,000

解説 

1．研究開発費

> 1．研究開発に従事している従業員の給料¥450,000および特定の研究開発にのみ使用する目的で購入した機械装置の代金¥4,000,000につき、普通預金口座を通じて支払った。

・新製品の研究、開発に関する費用、および特定の研究開発のために購入した機械装置などは、**研究開発費（費用）**として処理します。

研究開発費	：450,000円＋4,000,000円＝**4,450,000円**
普通預金	：450,000円＋4,000,000円＝**4,450,000円**

2．固定資産の割賦購入

> 2．生産ライン増設のための工事が完成し、機械装置に¥5,000,000、構築物に¥1,400,000を計上した。この工事に関し、毎月末に支払期日が到来する額面¥325,000の約束手形20枚を振り出して相手先に交付した。なお、約束手形に含まれる利息相当額については資産勘定で処理すること。

・固定資産を割賦購入した場合、振り出した手形は**営業外支払手形（負債）**の増加として処理します。また、購入価額と手形代金の差額は**長期前払費用（資産）**として処理します。

機械装置	：問題文より**5,000,000円**
構築物	：問題文より**1,400,000円**
長期前払費用	：6,500,000円－5,000,000円－1,400,000円＝**100,000円**
営業外支払手形	：325,000円×20枚＝**6,500,000円**

3．リース取引

3．リース会社とオフィス機器のリース契約を、リース期間５年、リース料月額¥50,000の条件で結び、オフィス機器の導入と同時に第１回のリース料につき、当座預金口座を通じて支払った。なお、このリース取引はファイナンス・リース取引で、利子込み法により処理すること。

・ファイナンス・リース取引で利子込み法により処理する場合、リース料総額を**リース資産（資産）**および**リース債務（負債）**に計上します。

・リース料の支払時は、リース債務と利息相当額を区分せず、**リース債務（負債）**の減少として処理します。

・本問では、次の仕訳を一つにまとめています。

【リース契約時の仕訳】

（リース資産）	3,000,000	（リース債務）	3,000,000

【支払時の仕訳】

（リース債務）	50,000	（当座預金）	50,000

リース資産	：50,000円×12か月×５年＝**3,000,000円**
リース債務	：3,000,000円－50,000円＝**2,950,000円**
当座預金	：問題文より**50,000円**

4．増資時の会計処理

4．新株1,000株（１株の払込金額は¥50,000）を発行して増資を行うことになり、払い込まれた1,000株分の申込証拠金は別段預金に預け入れていた。その後、株式の払込期日となったので、申込証拠金を資本金に充当し、別段預金を当座預金に預け替えた。なお、資本金には会社法が規定する最低額を組み入れることとする。

・払込期日では、事前に払い込まれていた**株式申込証拠金（純資産）**を**資本金（純資産）**、**資本準備金（純資産）**に振り替えます。

・問題文の指示に従い、本問では会社法が規定する最低額である払込金額の２分の１を**資本金（純資産）**として処理します。

・株式申込証拠金として払い込まれていた金額は**別段預金（資産）**として処理しているので、払込期日に**当座預金（資産）**に振り替えます。

・株式申込証拠金の受入れ時の仕訳は、次のとおりです。

【受入時の仕訳】

（別段預金）	50,000,000	（株式申込証拠金）	50,000,000

株式申込証拠金　：@ 50,000 円×1,000 株＝**50,000,000 円**
当　座　預　金　：@ 50,000 円×1,000 株＝**50,000,000 円**
資　　本　　金　：@ 50,000 円×1,000 株×$\frac{1}{2}$＝**25,000,000 円**
資 本 準 備 金　：@ 50,000 円×1,000 株×$\frac{1}{2}$＝**25,000,000 円**
別　段　預　金　：@ 50,000 円×1,000 株＝**50,000,000 円**

5．合併の会計処理

5．新潟商事株式会社を吸収合併し、新たに当社の株式 10,000 株（合併時点の時価@￥2,850）を発行し、これを新潟商事の株主に交付した。なお、新潟商事の諸資産の簿価は￥50,000,000、諸資産の時価は￥51,000,000、諸負債の簿価は￥20,000,000、諸負債の時価は￥21,000,000 であった。また、合併にあたっては、取得の対価のうち 60%を資本金、40%をその他資本剰余金として計上することとした。

・被合併会社から受け入れた資産および負債は、時価で評価します。
・資産および負債の差額と、交付する株式の価額に差額が発生した場合、その差額は**のれん（資産）**または**負ののれん発生益（収益）**で処理します。

諸　　資　　産　：問題文より **51,000,000 円**
諸　　負　　債　：問題文より **21,000,000 円**
資　　本　　金　：@ 2,850 円×10,000 株×60%＝**17,100,000 円**
その他資本剰余金　：@ 2,850 円×10,000 株×40%＝**11,400,000 円**
負ののれん発生益　：51,000,000 円－21,000,000 円＝30,000,000 円
@ 2,850 円×10,000 株＝28,500,000 円
30,000,000 円－28,500,000 円＝**1,500,000 円**

第 2 問	配点 20 点　目標点 16 点
・まずは会計期間を確認しましょう（本問は X5 年 4 月 1 日～ X6 年 3 月 31 日）。 ・一つ一つの問題は標準的な内容なので、簡単な問から解答しましょう。 ・過年度の計算もあるので、取引の年月日を意識して解きましょう。	

解答（●数字につき配点）

問 1　減価償却費総額　¥ ❷ **425,000**

問 2　備品の売却損益　¥ ❷ **17,500**　（ 損 ・ ㊣益 ）

問 3　備品の除却損　¥ ❷ **60,000**

問 4　減価償却費総額　¥ ❷ **640,000**

問 5

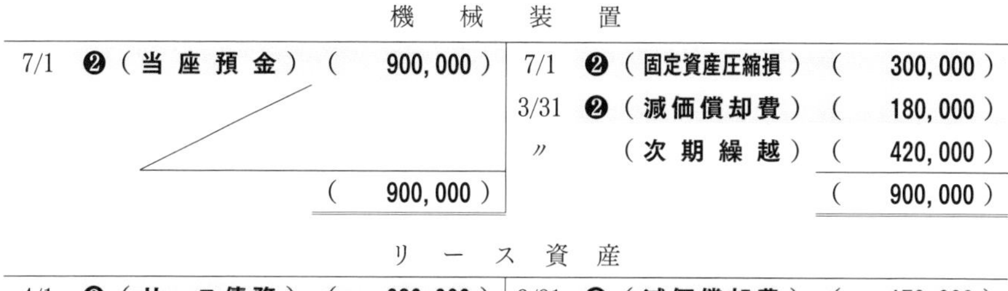

機　械　装　置

7/1	❷（当座預金）	（900,000）	7/1	❷（固定資産圧縮損）	（300,000）
			3/31	❷（減価償却費）	（180,000）
			〃	（次期繰越）	（420,000）
		（900,000）			（900,000）

リ　ー　ス　資　産

4/1	❷（リース債務）	（680,000）	3/31	❷（減価償却費）	（170,000）
			〃	（次期繰越）	（510,000）
		（680,000）			（680,000）

問 6

	借方科目	金額	貸方科目	金額
❷	**繰延税金資産**	**20,250**	**法人税等調整額**	**20,250**

解説

1．全体像の把握

本問は X4 年 4 月から X6 年 3 月までの会計期間について問われています。したがって、時系列を間違わないよう注意して解いていきましょう。

2．前期末までの取引の整理

（1）A備品

X4年度の期首に取得しているので、X4年度における減価償却費を計算します。なお、本問は直接法を採用しているので、備品から直接控除することに注意しましょう。

（減価償却費）	225,000	（備品）	225,000

A備品償却率：$\frac{1年}{8年}$×200（%）＝0.25
減価償却費：900,000円×0.25＝**225,000円**

（2）B備品

B備品もA備品と同様、減価償却費を計算します。

（減価償却費）	200,000	（備品）	200,000

B備品償却率：$\frac{1年}{5年}$×200（%）＝0.4
減価償却費：500,000円×0.4＝**200,000円**

（3）X4年度における減価償却費合計

A備品：X4年度の減価償却費**225,000円**
B備品：X4年度の減価償却費**200,000円**
合計425,000円（問1の解答）

3．当期の期中取引に関する処理

（1）4月1日の取引（リース取引）

リース取引は利子込み法を採用しているので、リース料総額を**リース資産**（**資産**）として処理するとともに、**リース債務**（**負債**）を計上します。

（リース資産）	680,000	（リース債務）	680,000

リース資産：170,000円×4年＝**680,000円**
リース債務：170,000円×4年＝**680,000円**

（2）4月30日の取引（国庫補助金の受入れ）

国庫補助金を受け入れた場合、**国庫補助金受贈益**（**収益**）で処理します。

（当座預金）	300,000	（国庫補助金受贈益）	300,000

（3）7月1日の取引（機械装置の購入）

① 機械装置の購入

機械装置を購入した場合、**機械装置（資産）**の増加として処理します。

（機械装置）	**900,000**	**（当座預金）**	**900,000**

② 圧縮記帳

本問は直接減額方式のため、**固定資産圧縮損（費用）**を計上するとともに、**機械装置（資産）**の減少として処理します。

（固定資産圧縮損）	**300,000**	**（機械装置）**	**300,000**

（4）9月1日の取引（C備品の購入）

備品を購入した場合、**備品（資産）**の増加として処理します。

（備品）	**300,000**	**（当座預金）**	**300,000**

（5）11月30日の取引（A備品の売却）

備品を売却した場合、備品勘定の売却時の帳簿価額と売却価額との差額を**固定資産売却益（収益）**で処理します。

（減価償却費）	**112,500**	**（備品）**	**675,000**
（現金）	**580,000**	**（固定資産売却益）**	**17,500**

備品：900,000円－225,000円＝**675,000円**（期首帳簿価額）

減価償却費：675,000円×0.25×$\frac{8\text{か月}}{12\text{か月}}$＝**112,500円**

固定資産売却益：580,000円－(675,000円－112,500円)＝**17,500円（問2の解答）**

（6）12月31日の取引（B備品の除却）

備品を除却した場合、備品勘定の除却時の帳簿価額と見積処分価額の差額を**固定資産除却損（費用）**で処理します。

また、見積処分価額は**貯蔵品（資産）**の増加として処理します。

（減価償却費）	**90,000**	**（備品）**	**300,000**
（貯蔵品）	**150,000**		
（固定資産除却損）	**60,000**		

備品：500,000円－200,000円＝**300,000円**（期首帳簿価額）

減価償却費：300,000円×0.4×$\frac{9\text{か月}}{12\text{か月}}$＝**90,000円**

固定資産除却損：300,000円－90,000円－150,000円＝**60,000円（問3の解答）**

（7）3月31日の取引（リース料の支払い）

本問は利子込み法を採用しているので、リース料の支払時の処理は年間リース料の金額を**リース債務**（**負債**）の減少として処理します。

（リース債務）	170,000	（当座預金）	170,000

4．当期の決算整理に関する処理

（1）C備品の減価償却に関する処理

C備品は期中に購入しているため、減価償却費は月割りで計上します。

（減価償却費）	87,500	（備品）	87,500

C備品償却率　：$\frac{1年}{4年}\times 200(\%)=0.5$

減価償却費　：$300,000円\times 0.5\times\frac{7か月}{12か月}=$**87,500円**

（2）機械装置の減価償却に関する処理

機械装置は圧縮記帳を行っているので、圧縮記帳考慮後の取得原価で減価償却を行います。なお、期中に購入しているため減価償却費は月割りで計上します。

（減価償却費）	180,000	（機械装置）	180,000

機械装置償却率　：$\frac{1年}{5年}\times 200(\%)=0.4$

減価償却費　：$(900,000円-300,000円)\times 0.4\times\frac{9か月}{12か月}=$**180,000円**

（3）リース資産の減価償却に関する処理

ファイナンス・リース取引の場合、通常の固定資産と同様、減価償却費を計上します。

（減価償却費）	170,000	（リース資産）	170,000

減価償却費　：680,000円÷4年=**170,000円**

（4）当期における減価償却費の総額（問4の解答）

当期に計上した減価償却費を集計します。

A　備　品	：11月30日の仕訳より	**112,500円**	合計**640,000円**
B　備　品	：12月31日の仕訳より	**90,000円**	
C　備　品	：決算整理仕訳より	**87,500円**	
機械装置	：決算整理仕訳より	**180,000円**	
リース資産	：決算整理仕訳より	**170,000円**	

5．税効果会計に関する処理（問6の解答）

すでに計算した会計上の減価償却費と、税務上認められている限度内の減価償却費を計算し、その差額から将来減算一時差異を求め、実効税率を掛けて**繰延税金資産（資産）**を計算します。

なお、相手勘定は**法人税等調整額**として処理します。

（繰延税金資産）	**20,250**	**（法人税等調整額）**	**20,250**

①会計上の減価償却費　：決算整理仕訳より **180,000円**

②税務上の減価償却費　：(900,000円－300,000円）×0.25×$\frac{9か月}{12か月}$＝**112,500円**

③将来減算一時差異　：180,000円－112,500円＝**67,500円**

④繰延税金資産　：67,500円×30%＝**20,250円**

第 3 問	配点 20 点　目標点 14 点

・本問は連結精算表の作成です。試験で問われる可能性が高い論点を中心に出題していますので、この問題を完璧に解けるよう学習してください。

解答（●数字につき配点）

連結精算表

（単位：千円）

科目	個別財務諸表		修正・消去		連結財務諸表
	P社	S社	借方	貸方	
貸借対照表					
現金預金	1,350,000	158,000			1,508,000
売掛金	3,200,000	2,800,000		650,000	5,350,000
貸倒引当金	△32,000	△28,000	6,500		△53,500
商品	1,280,000	620,000	30,000	120,000	❷ 1,810,000
貸付金	720,000	100,000		240,000	580,000
土地	780,000	195,000		35,000	❷ 940,000
建物	1,500,000	150,000			1,650,000
減価償却累計額	△750,000	△105,000			△855,000
のれん			114,000	6,000	❷ 108,000
投資有価証券	1,000,000	225,000			1,225,000
S社株式	575,000			575,000	−
資産合計	9,623,000	4,115,000	150,500	1,626,000	12,262,500
買掛金	1,980,000	1,770,000	650,000	30,000	❷ 3,130,000
借入金	555,000	1,495,000	240,000		1,810,000
資本金	4,000,000	500,000	500,000		4,000,000
利益剰余金	3,088,000	350,000	192,000	50,000	❷ 3,101,550
			66,500		
			2,977,950	2,850,000	
非支配株主持分			15,000	231,000	❷ 220,950
			36,000	39,000	
				1,950	
負債純資産合計	9,623,000	4,115,000	4,677,450	3,201,950	12,262,500
損益計算書					
売上高	5,800,000	4,800,000	2,700,000		7,900,000
売上原価	4,000,000	3,450,000	120,000	2,700,000	❷ 4,775,000
				95,000	
販売費及び一般管理費	1,550,000	1,255,000			2,805,000
貸倒引当金繰入	36,000	24,000		6,500	❷ 53,500
のれん償却			6,000		6,000
受取利息	35,000	33,000	12,500		55,500
受取配当金	200,000	50,000	35,000		❷ 215,000
支払利息	17,000	24,000		12,500	28,500
土地売却益	35,000		35,000		−
当期純利益	467,000	130,000	2,908,500	2,814,000	502,500
非支配株主に帰属する当期純利益			69,450	36,000	❷ 33,450
親会社株式に帰属する当期純利益	**467,000**	**130,000**	2,977,950	2,850,000	469,050

解説

1．全体像の把握

本問は連結２年目の連結精算表が問われており、親会社が子会社に売却するダウン・ストリームと子会社が親会社に売却するアップ・ストリームが問われています。したがって、まずはタイムテーブルなどを作成して前年度の取引を確認しつつ、資本連結を解き、その後、内部取引の相殺消去や未実現利益の消去を解いていきます。

また、本問は連結精算表のうち、連結貸借対照表と連結損益計算書の作成が問われており、連結株主資本等変動計算書の作成は問われていません。

したがって、本問では貸借対照表の勘定科目で仕訳を行うことで効率的に解答できます。

2．タイムテーブルの作成

タイムテーブルを作成し、全体像を把握します。

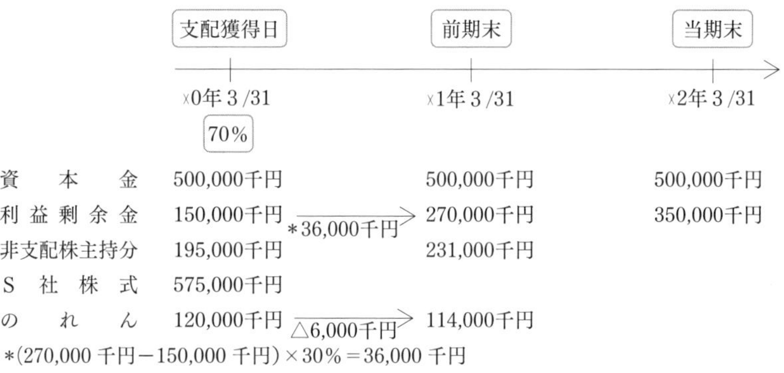

3．開始仕訳（以下、仕訳の単位千円）

前年度までの取引を整理し、開始仕訳を行います。

（1）支配獲得日の連結修正仕訳（X0年３月31日）

支配獲得日の投資と資本を相殺消去し、のれんを計上します。

借方科目	金額	貸方科目	金額
（資本金）	500,000	（S社株式）	575,000
（利益剰余金）	150,000	（非支配株主持分）	195,000
（のれん）	120,000		

のれん　：(500,000千円＋150,000千円)×70%（親会社持分）－575,000千円＝**－120,000千円**

非支配株主持分　：(500,000千円＋150,000千円)×30%（非支配株主持分）＝**195,000千円**

（2）前期における連結修正仕訳（X0 年4月1日～X1 年3月 31 日）

損益項目に関しては**利益剰余金**で仕訳を行います。

①　のれんの償却

（利　益　剰　余　金） のれん償却	6,000	（の　　れ　　ん）	6,000

利益剰余金　：120,000 千円÷20 年＝**6,000 千円**

②　当期純利益の非支配株主持分への振り替え

（利　益　剰　余　金） 非支配株主に帰属する当期純利益	60,000	（非支配株主持分）	60,000

利益剰余金　：270,000 千円－（150,000 千円－80,000 千円）＝200,000 千円
（80,000 千円：剰余金の配当、200,000 千円：当期純利益）

200,000 千円×30％＝**60,000 千円**

③　剰余金の配当の修正

親会社に対して支払った配当金は内部取引となりますので相殺消去します。また、非支配株主に対して支払った配当金は、利益剰余金を減額させるとともに、非支配株主持分を減額させます。

（利　益　剰　余　金） 受取配当金	56,000	（利　益　剰　余　金）	80,000
（非支配株主持分）	24,000		

利益剰余金　：80,000 千円×70％＝**56,000 千円**
非支配株主持分　：80,000 千円×30％＝**24,000 千円**

④　開始仕訳（（1）＋①＋②＋③）

上記の仕訳をまとめると、当期の開始仕訳となります。

（資　　本　　金）	500,000	（S　社　株　式）	575,000
（利　益　剰　余　金）	192,000	（非支配株主持分）	231,000
（の　　れ　　ん）	114,000		

4．当期における連結修正仕訳（X1 年4月1日～X2 年3月 31 日）

当期における親子会社間の取引の相殺消去、未実現利益の消去を行います。

（1）のれんの償却

（の　れ　ん　償　却）	6,000	（の　　れ　　ん）	6,000

のれん償却　：120,000 千円÷20 年＝**6,000 千円**

（2）当期純利益の非支配株主持分への振り替え

（非支配株主に帰属する当期純利益）	39,000	（非支配株主持分）	39,000

利益剰余金　：350,000千円－（270,000千円－50,000千円）＝130,000千円
（50,000千円：剰余金の配当、130,000千円：当期純利益）
130,000千円×30％＝**39,000千円**

（3）剰余金の配当の修正

親会社に対して支払った配当金は内部取引となりますので相殺消去します。また、非支配株主に対して支払った配当金は、利益剰余金を減額させるとともに、非支配株主持分を減額させます。

（受取配当金）	35,000	（利益剰余金）	50,000
（非支配株主持分）	15,000		

受取配当金　：50,000千円×70％＝**35,000千円**
非支配株主持分　：50,000千円×30％＝**15,000千円**

（4）売上高と売上原価の相殺消去

本問では親子会社間の取引に関する未処理事項がありますので、未処理事項に関する仕訳を行ったあと、相殺消去の仕訳を行います。

①　未処理事項に関する仕訳

子会社が親会社に販売した取引につき、親会社での仕入処理が未処理となっているためこの取引を追加で処理します。なお、仕入れた商品は次期へ繰り越されるため、繰越の仕訳も行います。

ⅰ）商品の仕入れに関する仕訳

（仕入）	30,000	（買掛金）	30,000

ⅱ）商品の繰り越しに関する仕訳

（商品）	30,000	（仕入）	30,000

ⅲ）未処理事項に関する仕訳（ⅰ＋ⅱ）

（商品）	30,000	（買掛金）	30,000

②　売上高と売上原価の相殺消去に関する仕訳

上記の未処理事項を考慮し相殺消去仕訳を行います。

（売上高）	2,700,000	（売上原価）	2,700,000

売上原価　：2,670,000千円＋30,000千円＝**2,700,000千円**

（5）売掛金と買掛金の相殺消去

子会社が親会社に販売した取引に関する未処理事項を考慮して仕訳を行います。

（買　掛　金）	650,000	（売　掛　金）	650,000

買　掛　金　：620,000千円＋30,000千円＝**650,000千円**

（6）貸付金と借入金の相殺消去

（借　入　金）	240,000	（貸　付　金）	240,000

（7）受取利息と支払利息の相殺消去

（受　取　利　息）	12,500	（支　払　利　息）	12,500

（8）商品に含まれる未実現利益の消去（アップ・ストリーム）

本問は子会社が親会社へ商品を販売しているので、子会社が付加した未実現利益を消去するとともに、子会社の非支配株主の持分割合に応じて非支配株主持分を調整します。

①　期首商品に含まれる未実現利益の消去

i ）開始仕訳

（利　益　剰　余　金） 売上原価	95,000	（商　　　品）	95,000
（非支配株主持分）	28,500	（利　益　剰　余　金） 非支配株主に帰属する当期純利益	28,500

商　　　品　：380,000千円×25％＝**95,000千円**
非支配株主持分　：95,000千円×30％＝**28,500千円**

ii ）実現仕訳

（商　　　品）	95,000	（売　上　原　価）	95,000
（非支配株主に帰属する当期純利益）	28,500	（非支配株主持分）	28,500

iii）期首商品に関する連結修正仕訳（ i ＋ ii ）

（利　益　剰　余　金）	66,500	（売　上　原　価）	95,000
（非支配株主に帰属する当期純利益）	28,500		

②　期末商品に含まれる未実現利益の消去

子会社が親会社に販売した取引に関する未処理事項を考慮して仕訳を行います。

（売　上　原　価）	120,000	（商　　　品）	120,000
（非支配株主持分）	36,000	（非支配株主に帰属する当期純利益）	36,000

商　　　品　：（450,000千円＋30,000千円）×25％＝**120,000千円**
非支配株主持分　：120,000千円×30％＝**36,000千円**

（9）貸倒引当金の調整

内部取引の債権債務を相殺消去した場合、その債権に対して設定されていた貸倒引当金も調整する必要があります。

本問はアップ・ストリームで処理しているため、非支配株主の持分に関しても調整する必要があります。

（貸　倒　引　当　金）	6,500	（貸倒引当金繰入）	6,500
（非支配株主に帰属する当期純利益）	1,950	（非支配株主持分）	1,950

貸倒引当金繰入　：650,000 千円×1%＝**6,500 千円**
非支配株主持分　：6,500 千円×30%＝**1,950 千円**

（10）土地の売却に関する未実現利益の消去（ダウン・ストリーム）

親会社が、子会社に土地を売却しているので、その土地の売却に関する未実現利益を消去します。

（土　地　売　却　益）	35,000	（土　　　　地）	35,000

土地売却益　：195,000 千円−160,000 千円＝**35,000 千円**

第 4 問	配点 20 点　目標点 20 点

・標準原価計算の仕訳と差異分析に関する問題です。
・差異分析は頻出論点ですので、この問題で確認しましょう。さらに、直接材料費と直接労務費の差異分析もテキストに戻り確認しておきましょう。

解答（●数字につき配点）

問 1

借方科目	金額	貸方科目	金額	
製品	7,750,000	**仕掛品**	7,750,000	❸

問 2

借方科目	金額	貸方科目	金額	
原価差異	350,000	**仕掛品**	350,000	❸

問 3

直接材料費差異	50,000 円	（有利差異 ・ 〇不利差異）	❷

問 4

直接労務費差異	20,000 円	（有利差異 ・ 〇不利差異）	❷

問 5

製造間接費差異	280,000 円	（有利差異 ・ 〇不利差異）	❷
予算差異	20,000 円	（有利差異 ・ 〇不利差異）	❷
能率差異	60,000 円	（有利差異 ・ 〇不利差異）	❷
操業度差異	200,000 円	（有利差異 ・ 〇不利差異）	❷

問 6

能率差異	180,000 円	（有利差異 ・ 〇不利差異）	❷

1．全体像の把握

本問は差異分析を中心とした出題です。製造間接費差異の能率差異は変動費のみで計算している場合と変動費と固定費から計算する場合が問われているので、解答する際に間違えないよう注意しましょう。

2．仕掛品勘定から製品勘定への振り替え（問1）

標準原価計算を採用しているため、製品勘定への振り替えは製品1個あたりの標準製造原価で計算します。

> 製　　品：@3,100円（1個あたり標準原価）×2,500個＝7,750,000円

3．原価差異の振り替え（問2）

当月の生産実績に対する標準原価と実際原価を比較して原価差異を把握します。

> 原価差異：1,050,000円（直接材料費）＋2,270,000円（直接労務費）＋4,780,000円（製造間接費）＝8,100,000円（実際原価）
>
> 7,750,000円（標準原価）－8,100,000円（実際原価）＝**－350,000円**（原価差異）**（不利差異）**

4．直接材料費差異の計算（問3）

当月の標準直接材料費と実際の直接材料費を比較して原価差異を把握します。

> 直接材料費差異：@400円×2,500個（標準直接材料費）－1,050,000円（実際直接材料費）＝**－50,000円**（直接材料費差異）**（不利差異）**

5．直接労務費差異の計算（問4）

当月の標準直接労務費と実際の直接労務費を比較して原価差異を把握します。

> 直接労務費差異：@900円×2,500個（標準直接労務費）－2,270,000円（実際直接労務費）＝**－20,000円**（直接労務費差異）**（不利差異）**

6．製造間接費差異の計算（問5）

当月の標準製造間接費と実際の製造間接費を比較して原価差異を把握します。なお、能率差異は変動費部分のみから把握します。

> 月間標準作業時間：2,500個×0.6時間＝1,500時間
>
> 製造間接費差異：3,000円/時間×1,500時間（標準製造間接費）－4,780,000円（実際製造間接費）＝**－280,000円**（製造間接費差異）**（不利差異）**

（1）予算差異の計算

予算差異は、月間の製造間接費の実際発生額と予算許容額との差で計算します。

> 月間基準操業度：1,600時間
>
> 変動費率：1,600,000円÷1,600時間＝1,000円/時間
>
> 予算許容額：1,000円/時間×1,560時間＋3,200,000円＝4,760,000円
>
> 予算差異：4,760,000円－4,780,000円＝**－20,000円（不利差異）**

（2）能率差異の計算

能率差異は、月間の標準操業度と実際操業度との差で計算します。

能　率　差　異　：(1,500時間－1,560時間) ×1,000円/時間＝**－60,000円（不利差異）**

（3）操業度差異の計算

操業度差異は、月間の標準操業度と基準操業度との差で計算します。

固　定　費　率　：3,200,000円÷1,600時間＝2,000円/時間

操　業　度　差　異　：(1,500時間－1,600時間) ×2,000円/時間＝**－200,000円（不利差異）**

以上の差異分析を分析図で示すと、次のようになります。

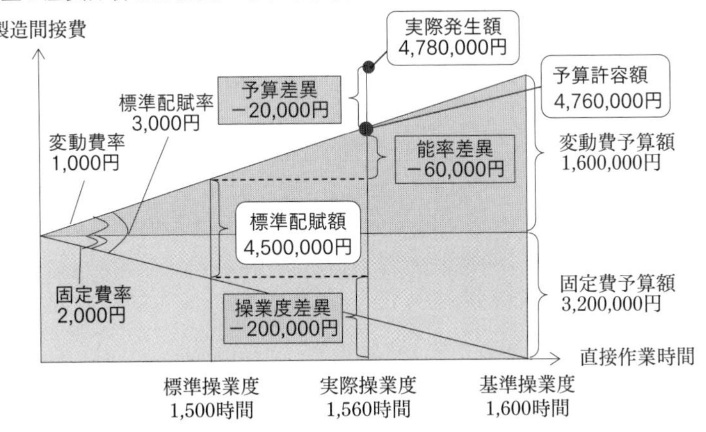

7．能率差異の計算（問6）

問5では能率差異を変動費のみから把握しましたが、固定費を含めた標準配賦率から能率差異を計算することもあります。

能　率　差　異　：(1,500時間－1,560時間) ×3,000円/時間＝**－180,000円（不利差異）**

第 5 問	配点 20 点　目標点 16 点
・本問は直接原価計算からの出題です。 ・直接原価計算の特徴は変動費と固定費を分けて計算することですので、変動費と固定費の分類を意識しつつ解答しましょう。	

解答（●数字につき配点）

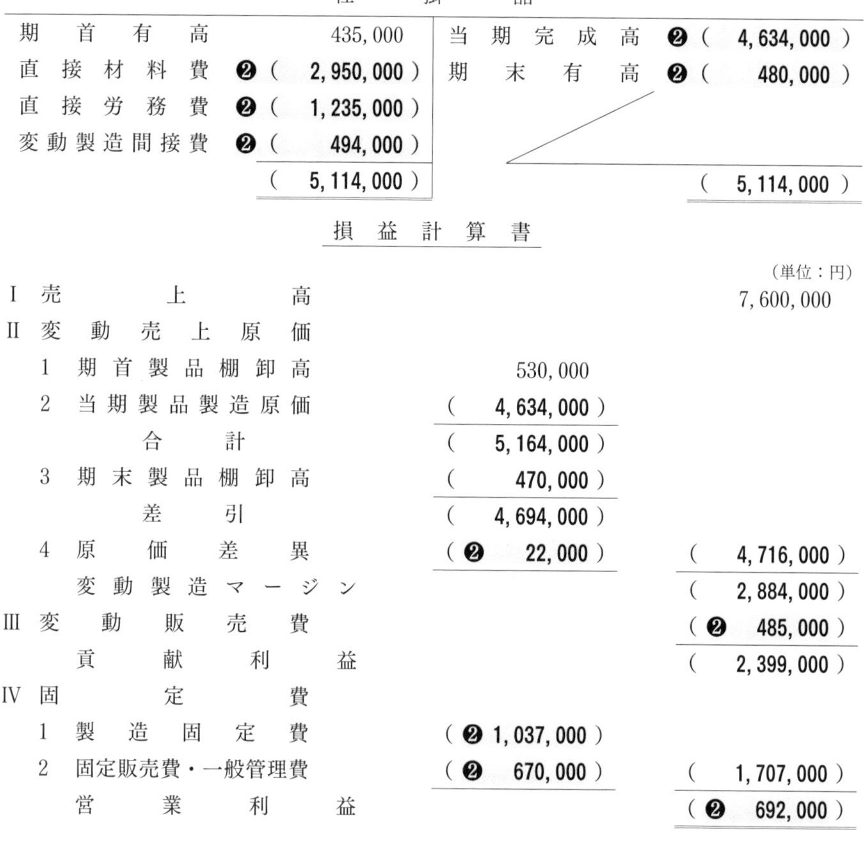

仕　掛　品

期首有高	435,000	当期完成高	❷（4,634,000）
直接材料費	❷（2,950,000）	期末有高	❷（480,000）
直接労務費	❷（1,235,000）		
変動製造間接費	❷（494,000）		
	（5,114,000）		（5,114,000）

損益計算書

（単位：円）

Ⅰ 売上高		7,600,000
Ⅱ 変動売上原価		
1 期首製品棚卸高	530,000	
2 当期製品製造原価	（4,634,000）	
合計	（5,164,000）	
3 期末製品棚卸高	（470,000）	
差引	（4,694,000）	
4 原価差異	（❷ 22,000）	（4,716,000）
変動製造マージン		（2,884,000）
Ⅲ 変動販売費		（❷ 485,000）
貢献利益		（2,399,000）
Ⅳ 固定費		
1 製造固定費	（❷ 1,037,000）	
2 固定販売費・一般管理費	（❷ 670,000）	（1,707,000）
営業利益		（❷ 692,000）

解説

1. 全体像の把握

本問は直接原価計算による仕掛品勘定の作成と損益計算書の作成問題です。変動費は製品原価、固定費は期間原価とするので、その違いを意識して各項目の勘定の流れを確

認しながら解きましょう。

2．仕掛品勘定の記入

（1）直接材料費の計算

直接材料費の消費額を計算し、仕掛品勘定の借方に記入します。

原　料

期首有高 360,000円	当期消費高 2,950,000円
当期仕入高 2,900,000円	期末有高 310,000円

期首有高	360,000円
当期仕入高	2,900,000円
期末有高	−310,000円
当期消費高	**2,950,000円**

（2）直接労務費の計算

直接労務費となる直接工賃金の消費高を計算し、仕掛品勘定の借方に記入します。

直接工賃金

当期支払高 1,250,000円	期首未払高 165,000円
期末未払高 150,000円	当期消費高 1,235,000円

当期支払高	1,250,000円
期首未払高	−165,000円
期末未払高	150,000円
当期消費高	**1,235,000円**

（3）変動製造間接費の計算

変動製造間接費は、直接労務費を基準に予定配賦額を計算します。

予定配賦額　：1,235,000円（直接労務費）×40％＝**494,000円**（予定配賦額）

（4）当期完成品高の計算

当期完成高は仕掛品勘定の貸借差額となります。

仕　掛　品

期首有高 435,000円	当期完成高 4,634,000円
直接材料費 2,950,000円	
直接労務費 1,235,000円	
変動製造間接費 494,000円	期末有高 480,000円

期首有高	435,000円
直接材料費	2,950,000円
直接労務費	1,235,000円
変動製造間接費	494,000円
期末有高	−480,000円
当期完成高	**4,634,000円**

3．損益計算書の作成

（1）当期製品変動製造原価の計算

仕掛品勘定の当期完成高**4,634,000円**が当期製品製造原価となります。

（2）変動売上原価の計算

①　変動売上原価の計算（原価差異加算前）

変動売上原価　：530,000円（期首）＋4,634,000円（当期完成）－470,000円（期末）＝**4,694,000円**（変動売上原価）

②　原価差異の計算

予定変動製造間接費と実際変動製造間接費の差異を計算します。

ｉ）変動製造間接費実際発生額の計算

間接労務費　：380,000円（当期支払高）－40,000円（期首未払高）＋36,000円（期末未払高）＝376,000円

水道料　：140,000円

合計　：376,000円＋140,000円＝**516,000円**

ii）原価差異の計算

原価差異　：494,000円（予定）－516,000円（実際）＝**－22,000円（不利差異）**（原価差異）

iii）変動売上原価の計算（原価差異加算後）

変動売上原価　：4,694,000円＋22,000円＝**4,716,000円**

（3）変動製造マージンの計算

売上高から変動売上原価を差し引いて変動製造マージンを計算します。

変動製造マージン　：7,600,000円－4,716,000円＝**2,884,000円**

（4）変動販売費の計算

問題文の指示にしたがい、変動販売費**485,000円**を計上します。

（5）貢献利益の計算

貢献利益は、次のように計算します。

変動製造マージン　：2,884,000円

変動販売費　：485,000円

貢献利益　：2,884,000円－485,000円＝**2,399,000円**

（6）固定費の計算

① 製造固定費の計算

問題文の指示にしたがい、次のように計算します。

工場従業員給料　：540,000円（当期支払高）－63,000円（期首未払高）＋60,000円（期末未払高）＝**537,000円**
賃　借　料　：**155,000円**
減価償却費　：**210,000円**
そ　の　他　：**135,000円**
合　　　計　：537,000円＋155,000円＋210,000円＋135,000円＝**1,037,000円**

② 固定販売費・一般管理費の計算

問題文の指示にしたがい、次のように計算します。

固定販売費　：**315,000円**
一般管理費　：**355,000円**
合　　　計　：315,000円＋355,000円＝**670,000円**

（7）営業利益の計算

貢献利益から固定費を差し引いて営業利益を計算します。

営　業　利　益　：2,399,000円－1,037,000円－670,000円＝**692,000円**

第4回 予想問題 解答・解説

	第1問	第2問	第3問	第4問	第5問	合計
目標点	16点	14点	16点	18点	20点	84点
1回目	点	点	点	点	点	点
2回目	点	点	点	点	点	点

解く順番とアドバイス

第1問	問題文全体を読み、一番簡単な問題から解きましょう。
第5問	平易な問題なので、満点を狙いましょう。
第4問	勘定の流れを考えながら解きましょう。
第3問	修正記入をしたら、そのまま損益計算書欄と貸借対照表欄も記入しましょう。
第2問	外貨建会計やリース取引が得意な人は、第3問よりさきに解きましょう。

第1問　配点20点　目標点16点

- まずは、比較的簡単な問2、問4、問5から解きましょう。
- サービス業に関する取引は特有の勘定科目で仕訳するので、仮にわからない問題でも諦めず、既存の知識を活用して解きましょう。

解答（仕訳1組につき各4点）

	仕		訳	
	借方科目	金額	貸方科目	金額
1	売掛金	2,000,000	役務収益	2,000,000
	役務原価	1,350,000	仕掛品	1,200,000
			買掛金	150,000
2	支払家賃	500,000	本店	500,000
3	普通預金	120,000	受取配当金	150,000
	仮払法人税等	30,000		
4	不渡手形	750,000	営業外受取手形	750,000
5	備品減価償却累計額	2,500,000	備品	5,000,000
	貯蔵品	1,800,000		
	固定資産除却損	700,000		

解説 

1．サービス業の会計処理

1．顧客に対するサービス提供が完了し、契約額¥2,000,000を収益に計上した（翌月末受取）。また、それまでに仕掛品に計上されていた諸費用¥1,200,000と追加で発生した外注費¥150,000との合計額を原価に計上した（翌月末支払）。なお、外注費は買掛金勘定で処理すること。

・サービス業では、サービスの提供を行った時点で**役務収益（収益）**として処理するとともに、その提供したサービスに対する費用を**役務原価（費用）**で処理します。
・外注費の支払いは、問題文の指示にしたがって**買掛金（負債）**で処理します。
・なお、外注費に関する指示がない場合、外注費が役務原価に対応する場合は**買掛金（負債）**、それ以外の場合は**未払金（負債）**で処理します。

売　掛　金	：問題文より **2,000,000円**
役　務　原　価	：1,200,000円＋150,000円＝**1,350,000円**
役　務　収　益	：問題文より **2,000,000円**
仕　掛　品	：問題文より **1,200,000円**
買　掛　金	：問題文より **150,000円**

2．本支店会計

2．決算にあたり、本店が支払った支払家賃¥1,250,000につき、その5分の2を長野支店が負担するよう本店より指示があったので、長野支店はこの指示にしたがって支払家賃を計上した。なお、当社は支店独立会計制度を導入しており、本店側の仕訳は答えなくてよい。

・支店では、本店が支払った**支払家賃（費用）**を負担するとともに、相手勘定は**本店勘定**で処理します。

支　払　家　賃	：1,250,000円×$\frac{2}{5}$＝**500,000円**
本　　　店	：1,250,000円×$\frac{2}{5}$＝**500,000円**

3．配当金の受け取り

3．普通預金口座に、品川建設株式会社の株式に対する期末配当金¥120,000（源泉所得税20%を控除後）の入金があった旨の通知があった。

・企業の場合、源泉所得税は法人税の一部なので**仮払法人税等（資産）**で処理します。

普　通　預　金	：問題文より **120,000円**
仮払法人税等	：150,000円×20%＝**30,000円**
受取配当金	：120,000円÷（100%－20%）＝**150,000円**

4．不渡手形の処理

4．備品を甲府建設株式会社に売却した際、代金として同社振出しの約束手形¥750,000を受け取っていたが、支払期日を迎えたにもかかわらず、この手形が決済されていなかった。

・本問では備品の売却時に手形を受け取っています。したがって、その手形が不渡りとなった場合、**営業外受取手形（資産）**の減少として処理するとともに、**不渡手形（資産）**の増加として処理します。

不　渡　手　形	：問題文より **750,000円**
営業外受取手形	：問題文より **750,000円**

5．固定資産の除却

5．X4年4月1日に購入した¥5,000,000の備品を、X9年度の期首に除却した。この備品については、耐用年数10年、残存価額0として、定額法で償却（間接法）をしてきた。この備品の除却時の処分価額は、¥1,800,000と見積もられた。当社の決算日は年1回、3月31日である。

・固定資産を除却する場合、その固定資産の処分価額を見積り**貯蔵品（資産）**の増加として処理します。

・除却した備品の帳簿価額と除却時の処分価額との差額は、**固定資産除却損（費用）**として処理します。

備品減価償却累計額	：5,000,000円÷10年×5年＝**2,500,000円**
貯　　蔵　　品	：問題文より**1,800,000円**
固定資産除却損	：5,000,000円－2,500,000円－1,800,000円＝**700,000円** **（貸借差額）**
備　　　　品	：問題文より**5,000,000円**

第 2 問	配点 20 点　目標点 14 点
・外貨建取引とリース会計からの出題です。 ・外貨建取引に関する一連の流れ、および為替予約の会計処理を本問で整理しましょう。 ・ファイナンス・リースとオペレーティング・リースの違い、ファイナンス・リース取引のうち、利子込み法と利子抜き法の違いを整理しておきましょう。	

解答（●数字につき配点）

問題1

問1

売　掛　金	¥　❷　48,000
買　掛　金	¥　60,000
為替差損益	¥　❷　1,600（損）

差益の場合は益、差損の場合は損とカッコ内に記入

問2

為替差損益	¥　❷　300（損）

差益の場合は益、差損の場合は損とカッコ内に記入

問3

買　掛　金	¥　59,000
為替差損益	¥　❷　600（損）

差益の場合は益、差損の場合は損とカッコ内に記入

問4

買　掛　金	¥　❷　57,000
為替差損益	¥　2,400（益）

差益の場合は益、差損の場合は損とカッコ内に記入

問題2

問1

リース資産（取得原価）	❷ 160,000 千円
支払利息	－
リース債務	❷ 144,000 千円
減価償却費	25,600 千円
支払リース料	❷ 2,000 千円

問2

リース資産（取得原価）	150,000 千円
支払利息	❷ 1,600 千円
リース債務	135,000 千円
減価償却費	❷ 24,000 千円
支払リース料	2,000 千円

解説

1．全体像の把握

本問は外貨建取引とリース会計からの出題です。問題のレベルは標準レベルですので、問題文を確認し、自分の得意な分野から解答しましょう。

また、問題の構成としては個別に問われていますので、解けない部分は飛ばし、解答できる箇所から解答しましょう。

2．外貨建取引の仕訳

取引日ごとに仕訳を行い、その金額を集計します。

（1）X1年9月1日の取引（掛仕入れ）

外貨での取引なので、買掛金をX1年9月1日のレート112円で円換算します。

（仕　　入）	56,000	（買　掛　金）	56,000

買　掛　金　：500ドル×112円/ドル＝**56,000円**

（2）X2年1月1日の取引（掛売上げ）

外貨での取引なので、売掛金をX2年1月1日のレート114円で円換算します。

（売　掛　金）	45,600	（売　　上）	45,600

売　掛　金　：400ドル×114円/ドル＝**45,600円**

（3）X2年3月31日の取引（決算整理仕訳）

買掛金および売掛金を決算時の為替相場で換算し、取引時に計上した金額との差額は**為替差損益勘定**で処理します。

①買掛金の換算

（為替差損益）	4,000	（買　掛　金）	4,000

為替差損益　：(112円/ドル－120円/ドル) ×500ドル＝**－4,000円**

②売掛金の換算

（売　掛　金）	2,400	（為替差損益）	2,400

為替差損益　：(120円/ドル－114円/ドル) ×400ドル＝**2,400円**

（4）財務諸表上の金額

売　掛　金　：45,600円＋2,400円＝**48,000円**
買　掛　金　：56,000円＋4,000円＝**60,000円**　　**（問1の解答）**
為替差損益　：2,400円－4,000円＝**1,600円（損）**

（5）X2年6月30日の取引（買掛金の決済）

取引額を決済時の為替相場で換算し、前期末の為替レートとの差額は**為替差損益勘定**で処理します。

（買　掛　金）	60,000	（当　座　預　金）	59,500
		（為替差損益）	500

買　掛　金　：500ドル×120円/ドル＝**60,000円**
当座預金　：500ドル×119円/ドル＝**59,500円**
為替差損益　：(120円/ドル－119円/ドル)×500ドル＝**500円**

（6）X2年9月30日の取引（売掛金の決済）

取引額を決済時の為替相場で換算し、前期末の為替レートとの差額は**為替差損益勘定**で処理します。

（当　座　預　金）	47,200	（売　掛　金）	48,000
（為替差損益）	800		

当座預金　：400ドル×118円/ドル＝**47,200円**
売　掛　金　：400ドル×120円/ドル＝**48,000円**
為替差損益　：(118円/ドル－120円/ドル)×400ドル＝**－800円**

（7）X3年3月31日の為替差損益の金額

為替差損益　：500円－800円＝**－300円（損）（問2の解答）**

3．取引発生後に為替予約を行った場合の処理（問3）

（1）X1年9月1日の取引（2.（1）と同様の処理）

外貨での取引なので、買掛金をX1年9月1日のレート112円で円換算します。

（仕　入）	56,000	（買　掛　金）	56,000

買　掛　金　：500ドル×112円/ドル＝**56,000円**

（2）X2年1月1日の取引（2.（2）と同様の処理）

外貨での取引なので、売掛金をX2年1月1日のレート114円で円換算します。

（売　掛　金）	45,600	（売　上）	45,600

売　掛　金　：400ドル×114円/ドル＝**45,600円**

（3）X2年2月1日の取引（為替予約時）

取引発生後に為替予約を行った場合、為替予約時の先物為替相場と取引時の直物為替相場との差額を**為替差損益勘定**で処理します。

（為替差損益）	3,000	（買　掛　金）	3,000

為替差損益　：(112円/ドル－118円/ドル)×500ドル＝**－3,000円**

（4）X2年3月31日の取引（決算整理仕訳）

買掛金は為替予約を行っているため、売掛金のみ決算時の為替相場で換算します。

（売　　掛　　金）	**2,400**	**（為　替　差　損　益）**	**2,400**

為替差損益　：（120円/ドル－114円/ドル）×400ドル＝**2,400円**

（5）財務諸表上の金額

買　掛　金　：56,000円＋3,000円＝**59,000円**
為替差損益　：2,400円－3,000円＝**－600円（損）**　**（問3の解答）**

4．取引発生時に為替予約を行った場合の処理（問4）

（1）X1年9月1日の取引（為替予約時）

取引発生時に為替予約を行った場合、取引発生時の先物為替相場で円換算するため、為替差損益は発生しません。

（仕　　　　入）	**57,000**	**（買　　掛　　金）**	**57,000**

買　掛　金　：500ドル×114円/ドル＝**57,000円**

（2）X2年1月1日の取引（2．（1）と同様の処理）

外貨での取引なので、売掛金をX2年1月1日のレート114円で円換算します。

（売　　掛　　金）	**45,600**	**（売　　　　上）**	**45,600**

売　掛　金　：400ドル×114円/ドル＝**45,600円**

（3）X2年3月31日の取引（決算整理仕訳）

買掛金は為替予約を行っているため、売掛金のみ決算時の為替相場で換算します。

（売　　掛　　金）	**2,400**	**（為　替　差　損　益）**	**2,400**

為替差損益　：（120円/ドル－114円/ドル）×400ドル＝**2,400円**

（4）財務諸表上の金額

買　掛　金　：**57,000円**
為替差損益　：**2,400円（益）**　**（問4の解答）**

5．リース取引

問1　利子込み法

利子込み法では、リース取引に伴う負債と利息を区分しないで処理します。

（1）A備品の会計処理

問題文よりファイナンス・リース取引として処理します。

①　リース開始時の仕訳（X1年4月1日）

利子込み法では、リース料総額を**リース資産（資産）**で処理するとともに、同額の**リース債務（負債）**を計上します。

（リース資産）	96,000	（リース債務）	96,000

リース資産　：16,000千円×6年＝**96,000千円**

②　リース債務返済時の仕訳（X2年3月31日）

1年分のリース料を支払うので、**リース債務（負債）**の減少として処理します。

（リース債務）	16,000	（現金など）	16,000

リース債務　：問題文の年額リース料より**16,000千円**

③　決算時の仕訳（X2年3月31日）

ファイナンス・リース取引の場合、売買処理と同様の処理を行うため、減価償却費を計上します。なお、利子込み法の場合、リース料総額を基準に減価償却をします。

（減価償却費）	16,000	（リース資産減価償却累計額）	16,000

減価償却費　：96,000千円÷6年＝**16,000千円**

（2）B備品の会計処理

問題文よりファイナンス・リース取引として処理します。

①　リース開始時の仕訳（X1年7月1日）

利子込み法では、リース料総額を**リース資産（資産）**で処理するとともに、同額の**リース債務（負債）**を計上します。

（リース資産）	64,000	（リース債務）	64,000

リース資産　：12,800千円×5年＝**64,000千円**

②　決算時の仕訳（X2年3月31日）

ファイナンス・リース取引の場合、売買処理と同様の処理を行うため、減価償却費を計上します。なお、利子込み法の場合、リース料総額を基準に減価償却をします。

なお、期中にリース契約を行っているため減価償却費は月割計上します。

（減価償却費）	9,600	（リース資産減価償却累計額）	9,600

減価償却費　：$64{,}000千円 \div 5年 \times \frac{9か月}{12か月} = $**9,600千円**

（3）C備品の会計処理

問題文よりオペレーティング・リース取引として処理します。

①　リース開始時の仕訳（X2年2月1日）

オペレーティング・リース取引の場合、通常の賃貸借処理と同様の処理を行うため、リース取引開始時に会計処理は不要です。

②　決算時の仕訳（X2年3月31日）

決算時においてリース料の未払がある場合、**未払リース料（負債）**の増加として処理します。

（支払リース料）	2,000	（未払リース料）	2,000

未払リース料　：12,000千円×$\frac{2か月}{12か月}$=**2,000千円**

（4）帳簿上の金額の計算

リース資産　：96,000千円（A備品）+64,000千円（B備品）=**160,000千円**

リース債務　：96,000千円－16,000千円（A備品）+64,000千円（B備品）=**144,000千円**

減価償却費　：16,000千円（A備品）+9,600千円（B備品）=**25,600千円**

支払リース料　：**2,000千円**（C備品）

問2　利子抜き法

利子抜き法では、リース取引に伴う負債と利息を区分して処理します。

（1）A備品の会計処理

問題文よりファイナンス・リース取引として処理します。

①　リース開始時の仕訳（X1年4月1日）

利子抜き法では、リース料総額から利息相当額を控除した見積現金購入価額を**リース資産（資産）**で処理するとともに、同額の**リース債務（負債）**を計上します。

（リース資産）	90,000	（リース債務）	90,000

リース資産　：見積現金購入価額より**90,000千円**

②　リース債務返済時の仕訳（X2年3月31日）

1年分のリース料を支払うので、**支払利息（費用）**を計上するとともに、**リース債務（負債）**の減少として処理します。

（リース債務）	15,000	（現金など）	16,000
（支払利息）	1,000		

リース債務　：90,000 千円÷6 年＝**15,000 千円**
支払利息　：16,000 千円－15,000 千円＝**1,000 千円**

③　決算時の仕訳（X2 年3月31 日）

ファイナンス・リース取引の場合、売買処理と同様の処理を行うため、減価償却費を計上します。なお、利子抜き法の場合、見積現金購入価額を基準に減価償却をします。

（減価償却費）	**15,000**	**（リース資産減価償却累計額）**	**15,000**

減価償却費　：90,000 千円÷6 年＝**15,000 千円**

（2）B備品の会計処理

問題文よりファイナンス・リース取引として処理します。

①　リース開始時の仕訳（X1 年7月1日）

利子抜き法では、リース料総額から利息相当額を控除した見積現金購入価額を**リース資産（資産）**で処理するとともに、同額の**リース債務（負債）**を計上します。

（リース資産）	**60,000**	**（リース債務）**	**60,000**

リース資産　：見積現金購入価額より **60,000 千円**

②　決算時の仕訳（X2 年3月31 日）

ファイナンス・リース取引の場合、売買処理と同様の処理を行うため、減価償却費を計上します。なお、利子抜き法の場合、見積現金購入価額を基準に減価償却をします。

本問では期中にリース契約を行っているため減価償却費は月割計上します。

（減価償却費）	**9,000**	**（リース資産減価償却累計額）**	**9,000**

減価償却費　：60,000 千円÷5 年×$\frac{9\text{か月}}{12\text{か月}}$＝**9,000 千円**

また、利息の未払があるため、**未払利息（負債）**の増加として処理します。

（支払利息）	**600**	**（未払利息）**	**600**

未払利息　：12,800 千円－（60,000 千円÷5 年）＝800 千円（**1年分の支払利息**）

800 千円×$\frac{9\text{か月}}{12\text{か月}}$＝**600 千円**

（3）C備品の会計処理

オペレーティング・リース取引のため、利子込み法と同様の処理をします。

（支払リース料）	2,000	（未払リース料）	2,000

未払リース料　：12,000千円×$\frac{2か月}{12か月}$=**2,000千円**

（4）帳簿上の金額

リース資産　：90,000千円（A備品）+60,000千円（B備品）=**150,000千円**

支払利息　：1,000千円（A備品）+600千円（B備品）=**1,600千円**

リース債務　：90,000千円−15,000千円（A備品）+60,000千円（B備品）=**135,000千円**

減価償却費　：15,000千円（A備品）+9,000千円（B備品）=**24,000千円**

支払リース料　：**2,000千円**（C備品）

第３問	配点20点　目標点16点
・本問は精算表の作成問題です。分量、内容共に基本的な内容ですので、下書用紙に丁寧に仕訳を書き、落ち着いて転記をして満点を狙いましょう。	

解答（●数字につき配点）

精　　算　　表

勘定科目	残高試算表		修正記入		損益計算書		貸借対照表	
	借方	貸方	借方	貸方	借方	貸方	借方	貸方
現金	388,000		**37,500**				**425,500**	
当座預金	250,000		**350,000**	**90,000**			**❷ 510,000**	
受取手形	325,000			**200,000**			**125,000**	
売掛金	550,000		**90,000**				**640,000**	
売買目的有価証券	520,000			**5,000**			**❷ 515,000**	
繰越商品	85,000		**92,000**	**85,000**			**❷ 79,500**	
				8,000				
				4,500				
建物	1,500,000						**1,500,000**	
備品	1,300,000						**1,300,000**	
満期保有目的債券	784,000		**3,200**				**❷ 787,200**	
その他有価証券	700,000		**150,000**				**850,000**	
買掛金		443,000						**443,000**
未払金		78,000		**150,000**				**228,000**
貸倒引当金		4,500		**3,150**				**7,650**
建物減価償却累計額		1,125,000		**50,000**				**1,175,000**
備品減価償却累計額		500,000		**143,750**				**643,750**
資本金		3,000,000						**3,000,000**
繰越利益剰余金		849,450						**849,450**
その他有価証券評価差額金	50,000			**150,000**				**❷ 100,000**
売上		2,300,000				**2,300,000**		
有価証券利息		20,050		**4,550**		**❷ 24,600**		
受取配当金		55,000		**37,500**		**92,500**		
仕入	1,280,000		**85,000**	**92,000**	**1,273,000**			
給料	625,000				**625,000**			
保険料	18,000			**3,600**	**14,400**			
	8,375,000	8,375,000						
貸倒引当金（**繰入**）			**3,150**		**❷ 3,150**			
棚卸減耗損			**8,000**		**8,000**			
商品評価損			**4,500**		**4,500**			
減価償却費			**193,750**		**❷ 193,750**			
有価証券評価（**損**）			**5,000**		**5,000**			
（**未収**）有価証券利息			**1,350**				**1,350**	
（**前払**）保険料			**3,600**				**❷ 3,600**	
当期純（**利益**）					**❷ 290,300**			**290,300**
			1,027,050	**1,027,050**	**2,417,100**	**2,417,100**	**6,737,150**	**6,737,150**

解説

1．全体像の把握

精算表の作成問題は損益計算書と貸借対照表を作成させるため、比較的時間がかかります。したがって、まずは問題文を一読し、簡単な取引から解きましょう。

また、精算表の記入順序ですが、修正記入欄に記入するだけでなく、損益計算書欄と貸借対照表欄の該当部分も記入しましょう。

2．決算整理事項等

（1）受取配当金の処理（未処理事項）

配当金領収証に関する処理が未処理ですので、**受取配当金（収益）**で処理します。

（現　　金）	37,500	（受取配当金）	37,500

（2）銀行勘定調整表

銀行勘定調整表にもとづき、不一致項目を調整します。なお、不一致項目のうち銀行側の調整項目に関しては仕訳不要です。

①　未取付小切手

取引先が銀行へ小切手を呈示することで解消されるので仕訳は不要です。

②　記帳の誤記

正しい仕訳に修正します。

（売　掛　金）	90,000	（当座預金）	90,000

売　掛　金　：215,000円－125,000円＝**90,000円**

③　取引の未記帳

取引が記帳されていないので、企業側の処理を行います。

（当座預金）	200,000	（受取手形）	200,000

④　時間外預入れ

翌日には解消されるので仕訳は不要です。

⑤　未渡小切手

小切手作成時に当座預金の減少として処理しているため修正します。なお、相手勘定は**未払金（負債）**の増加として処理します。

（当座預金）	150,000	（未　払　金）	150,000

（3）貸倒引当金の設定

期末債権について貸倒引当金を設定します。なお、銀行勘定調整表に関する修正仕訳を考慮することに注意しましょう。

（貸倒引当金繰入）	3,150	（貸倒引当金）	3,150

貸倒引当金繰入　：(325,000円－200,000円＋550,000円＋90,000円) ×1％－4,500円
＝**3,150円**

(4) 売上原価の計算と期末商品の評価

① 売上原価の計算

問題文の指示にしたがって、期首商品棚卸高を繰越商品勘定から仕入勘定に振り替えるとともに、期末商品棚卸高を仕入勘定から繰越商品勘定に振り替えます。

(仕　　入)	**85,000**	**(繰 越 商 品)**	**85,000**
(繰 越 商 品)	**92,000**	**(仕　　入)**	**92,000**

繰越商品（期末）：A商品　@600円×100個＝60,000円
B商品　@400円×80個＝32,000円
60,000円＋32,000円＝**92,000円**

② 棚卸減耗損の計算

問題文の指示にしたがい、**棚卸減耗損（費用）**を計上します。

(棚 卸 減 耗 損)	**8,000**	**(繰 越 商 品)**	**8,000**

棚卸減耗損　：A商品　@600円×（100個－90個）＝6,000円
B商品　@400円×（80個－75個）＝2,000円
6,000円＋2,000円＝**8,000円**

③ 商品評価損の計算

問題文の指示にしたがい、**商品評価損（費用）**を計上します。なお、B商品の正味売却価額は帳簿価額を上回っているため、A商品のみ処理を行います。

(商 品 評 価 損)	**4,500**	**(繰 越 商 品)**	**4,500**

商品評価損　：A商品（@600円－@550円）×90個＝**4,500円**

(5) 減価償却費の計上

① 建物

(減 価 償 却 費)	**50,000**	**(建物減価償却累計額)**	**50,000**

減価償却費　：1,500,000円÷30年＝**50,000円**

② 備品

備品については、前期以前に購入した分と、当期に購入した分を分けて計算します。

（減価償却費）	**143,750**	**（備品減価償却累計額）**	**143,750**

減価償却費：(1,300,000円−300,000円)÷8年＝125,000円（既存分）
300,000円÷8年×$\frac{6か月}{12か月}$＝18,750円（新規分）
125,000円＋18,750円＝**143,750円**

（6）売買目的有価証券

① 売買目的有価証券の評価

売買目的有価証券は時価で評価し、評価損益は当期の損益として処理します。

（有価証券評価損益）	**5,000**	**（売買目的有価証券）**	**5,000**

有価証券評価損益：A社株式195,000円−220,000円＝−25,000円
B社社債320,000円−300,000円＝20,000円
20,000円−25,000円＝**−5,000円（評価損）**

② 有価証券利息の計上

B社社債については利息の未収計上を行います。

（未収有価証券利息）	**1,350**	**（有価証券利息）**	**1,350**

未収有価証券利息：360,000円×1.5%×$\frac{3か月}{12か月}$＝**1,350円**

（7）満期保有目的債券

額面総額と取得価額との差額が金利の調整と認められる場合、償却原価法で処理します。

（満期保有目的債券）	**3,200**	**（有価証券利息）**	**3,200**

満期保有目的債券：(800,000円−784,000円)×$\frac{12か月}{60か月}$＝**3,200円**

（8）その他有価証券

その他有価証券は時価で評価し、取得原価との差額は**その他有価証券評価差額金（純資産）**で処理します。

なお、本問では当期首における再振替仕訳が未処理であるため、再振替仕訳も行います。

① 再振替仕訳（未処理事項）

（その他有価証券）　50,000　（その他有価証券評価差額金）　50,000

その他有価証券評価差額金　：残高試算表より **50,000円**

② 決算整理仕訳

（その他有価証券）　100,000　（その他有価証券評価差額金）　100,000

その他有価証券評価差額金　：850,000円－（700,000円＋50,000円）＝**100,000円**
再振替仕訳

（9）保険料の前払い

毎期同額の保険料を前払いしているため、次期以降に帰属する金額を**前払保険料（資産）**として処理します。

（前払保険料）　3,600　（保険料）　3,600

前払保険料　：18,000円×$\frac{3か月}{15か月}$＝**3,600円**

第 4 問	配点 20 点　目標点 18 点
・本問は費目別計算と製造間接費の予定配賦に関する問題です。工業簿記の勘定記入に苦手意識がある受験生も多いですが、勘定の流れを理解してしまえば得点源になる内容ですので、早い段階で学習し、問題演習を通じて理解を深めましょう。	

解答（●数字につき配点）

材　料

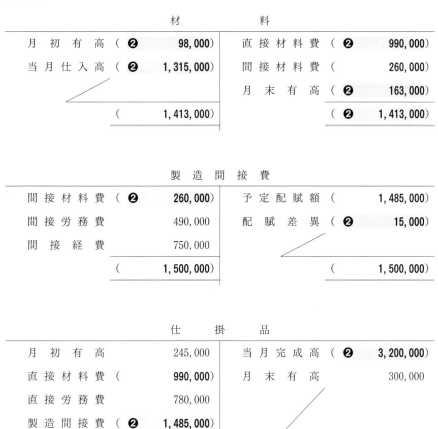

月初有高	(❷ 98,000)	直接材料費	(❷ 990,000)
当月仕入高	(❷ 1,315,000)	間接材料費	(260,000)
		月末有高	(❷ 163,000)
	(1,413,000)		(❷ 1,413,000)

製造間接費

間接材料費	(❷ 260,000)	予定配賦額	(1,485,000)
間接労務費	490,000	配賦差異	(❷ 15,000)
間接経費	750,000		
	(1,500,000)		(1,500,000)

仕　掛　品

月初有高	245,000	当月完成高	(❷ 3,200,000)
直接材料費	(990,000)	月末有高	300,000
直接労務費	780,000		
製造間接費	(❷ 1,485,000)		
	(❷ 3,500,000)		(3,500,000)

1．全体像の把握

日付順に取引が記載されている場合、まずは取引全体を読み、下書用紙に全体の流れを記入しましょう。本問の流れは次のようになります。

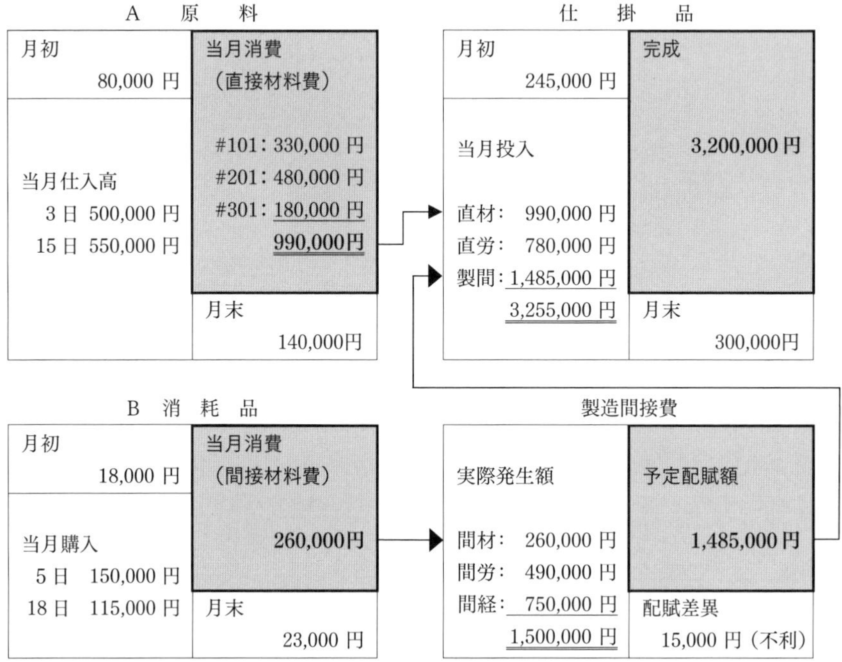

2．材料勘定の流れ

A原料とB消耗品の合計額を記入します。なお、B消耗品は棚卸計算法を採用しているので、貸借差額により当月の消費高を計算します。

月初有高	：80,000 円＋18,000 円＝**98,000 円**
当月仕入高	：500,000 円＋550,000 円（A原料）＋150,000 円＋115,000 円（B消耗品）＝**1,315,000 円**
直接材料費	：330,000 円（#101）＋480,000 円（#201）＋180,000 円（#301）＝**990,000 円**
間接材料費	：18,000 円＋150,000 円＋115,000 円－23,000 円＝**260,000 円**
月末有高	：140,000 円＋23,000 円＝**163,000 円**

3．製造間接費の計算

製造間接費はA原料の消費高を配賦基準として予定配賦しています。したがって、A原料の年間予定消費高にもとづき予定配賦額を算定します。

（1）予定配賦率の算定

予定配賦率：$\frac{\text{製造間接費年間予算額 13,500,000 円}}{\text{A原料年間予定消費高 9,000,000 円}}$＝**@1.5円**

（2）予定配賦額の計算

@1.5円×990,000円＝**1,485,000円**

（3）配賦差異の把握

1,485,000円（予定配賦額）－1,500,000円（実際発生額）＝**－15,000円（不利差異）**

第 5 問	配点 20 点　目標点 20 点

・本問は単純総合原価計算からの出題です。総合原価計算の分野からは等級別総合原価計算、組別総合原価計算、工程別総合原価計算などが出題範囲ですが、そのすべての基礎となるのが本問の単純総合原価計算です。必ずマスターするよう心掛けてください。

解答（●数字につき配点）

総合原価計算表

（単位：円）

	X 原料	Y 原料	Z 原料	加工費	合計
月初仕掛品	1,000,000	240,000	—	510,000	1,750,000
当月投入	7,350,000	4,150,000	1,240,000	8,798,000	21,538,000
合計	8,350,000	4,390,000	1,240,000	9,308,000	23,288,000
月末仕掛品	（ **1,260,000**）	（ **150,000**）	（ **0**）	（ **318,000**）	（ **1,728,000**）
差引	❸（ **7,090,000**）	❸（ **4,240,000**）	❸（ **1,240,000**）	❸（ **8,990,000**）	（ **21,560,000**）
仕損品評価額					❸（ **60,000**）
完成品原価					❸（ **21,500,000**）

売上原価 **❷ 18,460,000** 円

解説

1．全体像の把握

原料が三種類投入され、工程の始点、平均的、終点でそれぞれが投入されています。したがって、原料ごとに分けて計算する必要があります。

また、仕損品は終点で発生しているので完成品原価に含めて処理します。なお、仕損品には評価額があるので、その評価額も考慮する必要があります。

2．X原料の計算

X原料は始点で投入されているので、原料のデータにもとづき期末仕掛品を計算します。なお、期末仕掛品の計算は問題文の指示により先入先出法で計算します。

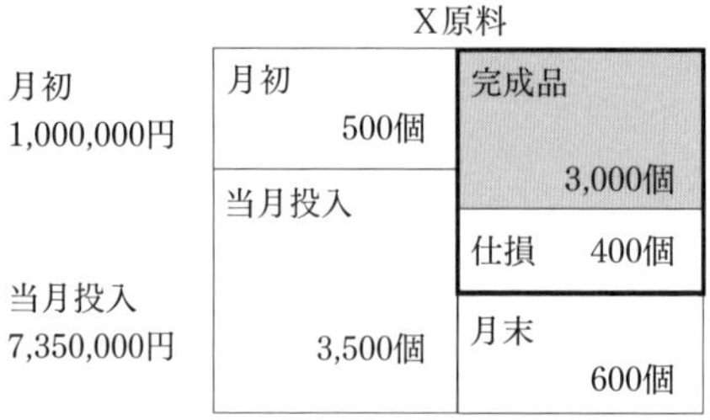

X原料

月初 1,000,000円	月初 500個	完成品 3,000個
	当月投入 3,500個	仕損 400個
当月投入 7,350,000円		月末 600個

完成品	3,000個
仕損	400個
月末	600個
月初	−500個
当月投入	3,500個

月末仕掛品原価　：$\frac{7,350,000円}{3,500個}$×600個＝**1,260,000円**
完成品原価　：1,000,000円＋7,350,000円－1,260,000円＝**7,090,000円**

3．Y原料の計算

Y原料は平均的に投入されているので、加工費と同様に加工進捗度を考慮して期末仕掛品を計算します。

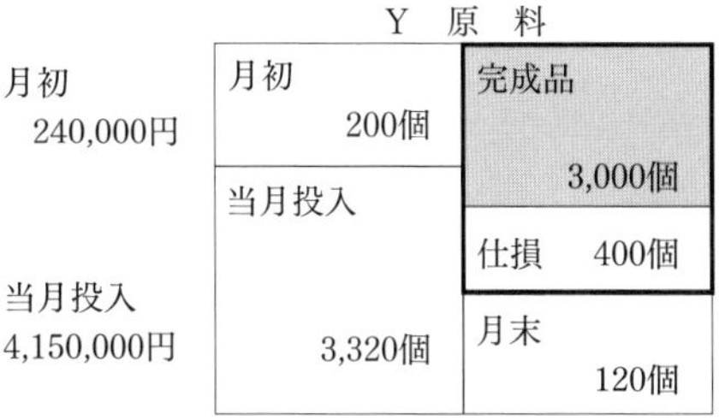

Y原料

	月初 200個	完成品 3,000個
月初 240,000円		仕損 400個
当月投入 4,150,000円	当月投入 3,320個	月末 120個

完成品	3,000個	
仕損	400個	
月末	120個	(600個×20%)
月初	−200個	(500個×40%)
当月投入	3,320個	

月末仕掛品原価　：$\frac{4,150,000円}{3,320個}$×120個＝**150,000円**
完成品原価　：240,000円＋4,150,000円－150,000円＝**4,240,000円**

4．Z原料の計算

Z原料は終点で投入されているので、当期製造費用の全額を完成品に負担させます。

完成品原価　：**1,240,000円**

5．加工費の計算

加工費は、仕掛品の加工進捗度を考慮して期末仕掛品を計算します。

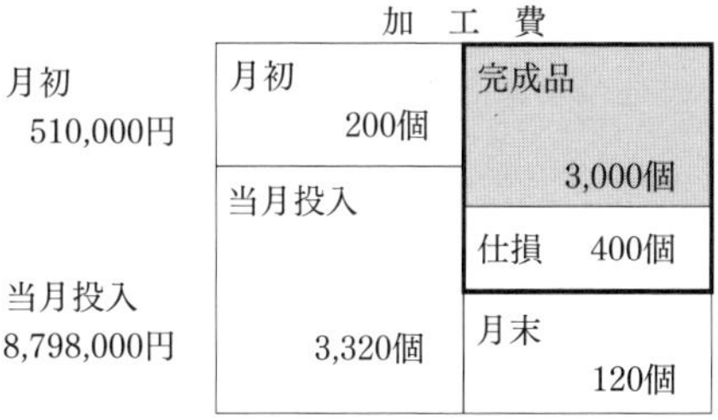

加工費

	月初 200個	完成品 3,000個
月初 510,000円		仕損 400個
当月投入 8,798,000円	当月投入 3,320個	月末 120個

完成品	3,000個	
仕損	400個	
月末	120個	(600個×20%)
月初	−200個	(500個×40%)
当月投入	3,320個	

月末仕掛品原価　：$\frac{8,798,000円}{3,320個}$×120個＝**318,000円**
完成品原価　：510,000円＋8,798,000円－318,000円＝**8,990,000円**

6．完成品原価の計算

上記の金額を合計して完成品原価を計算します。なお、完成品が負担した正常仕損費には処分価額が60,000円あるので、その金額を完成品原価から控除します。

X　原　料　：7,090,000円
Y　原　料　：4,240,000円
Z　原　料　：1,240,000円
加　工　費　：8,990,000円

21,560,000円－60,000円（処分価額）＝21,500,000円

7．売上原価の計算

製品の蔵出単価の計算は問題文の指示にしたがって、平均法で計算します。

製　品

	借方	貸方
月初 2,640,000円	月初 400個	販売 2,600個
当月完成 21,500,000円	完成品 3,000個	月末 800個

月末製品原価　：$\frac{2,640,000円+21,500,000円}{2,600個+800個}$ ×800個＝5,680,000円

売　上　原　価　：$\frac{2,640,000円+21,500,000円}{2,600個+800個}$ ×2,600個＝**18,460,000円**

第152回　簿記検定試験　解答・解説

	第1問	第2問	第3問	第4問	第5問	合計
目標点	16点	16点	14点	16点	20点	82点
1回目	点	点	点	点	点	点
2回目	点	点	点	点	点	点

解く順番とアドバイス

第1問	問題文全体を読み、一番簡単な問題から解きましょう。
第5問	平易な問題なので、満点を狙いましょう。
第4問	勘定の流れを考えながら解きましょう。
第3問	貸借対照表作成に必要な項目のみ集計し、効率的に解きましょう。
第2問	資料が多く戸惑いますが、標準的レベルの問題なので落ち着いて解きましょう。

第1問	配点20点　目標点16点

・まずは、比較的簡単な問3、問5から解きましょう。
・問4は問題文が長く一見難しそうですが、情報を下書用紙に整理すれば解ける問題なので、時間をかけて落ち着いて解きましょう。

解答（1～4の仕訳1組につき各4点、5の仕訳1組につき各2点）

		借方科目	金額	貸方科目	金額
1		現金	989,620	売買目的有価証券	988,000
				有価証券売却益	1,000
				有価証券利息	620
2		備品	1,440,000	営業外支払手形	1,500,000
		支払利息	60,000		
3		商品保証引当金	36,000	商品保証引当金戻入	36,000
		商品保証引当金繰入	185,000	商品保証引当金	185,000
4		為替差損益	80,000	買掛金	80,000
5	(1)	当座預金	100,000,000	資本金	50,000,000
				資本準備金	50,000,000
	(2)	創立費	300,000	現金	300,000

解説 

1．売買目的有価証券の売却

1．X年12月1日、売買目的で保有している額面総額￥1,000,000の社債(利率年0.365%、利払日は3月末と9月末の年2回）を額面￥100につき￥98.90の価額（裸相場）で売却し、売却代金は売買日までの端数利息とともに現金で受け取った。なお、この社債はX年9月1日に額面￥100につき￥98.80の価額（裸相場）で買い入れたものであり、端数利息は1年を365日として日割で計算する。

・売買目的有価証券を売却した場合、帳簿価額と売却価額の差額を**有価証券売却損益**として処理します。
・端数利息は、利払日の翌日から売買日当日までの期間を日割りで計上します。

売買目的有価証券	：1,000,000円×$\frac{@98.80円}{@100円}$＝**988,000円**
売却金額	：1,000,000円×$\frac{@98.90円}{@100円}$＝**989,000円**
有価証券売却益	：989,000円－988,000円＝**1,000円（売却益）**
有価証券利息	：1,000,000円×0.365%×$\frac{62日}{365日}$＝**620円**
現金	：989,000円＋620円＝**989,620円**

2．有形固定資産の割賦購入

2．X年4月1日、商品陳列棚を分割払いで購入し、代金として毎月末に支払期日が順次到来する額面￥150,000の約束手形10枚を振り出して交付した。なお、商品陳列棚の現金購入価額は￥1,440,000である。

・有形固定資産を割賦購入した場合、現金購入価額と割賦購入価額との差額は利息として処理します。本問の場合、指定勘定科目に前払利息がないので**支払利息（費用）**として処理します。

備品	：問題文より**1,440,000円**
支払利息	：1,500,000円－1,440,000円＝**60,000円**
営業外支払手形	：150,000円×10枚＝**1,500,000円**

3．商品保証引当金の設定

3．X年3月31日、決算にあたり、前年度に販売した商品に付した品質保証期限が経過したため、この保証のために設定した引当金の残高¥36,000を取り崩すとともに、当期に品質保証付きで販売した商品の保証費用を当期の売上高¥18,500,000の1％と見積もり、洗替法により引当金を設定する。

・本問は洗替法が採用されているため、品質保証期限が経過した引当金については**商品保証引当金戻入（収益）**として処理します。

商品保証引当金戻入　：問題文より **36,000円**
商品保証引当金繰入　：18,500,000円×1％＝**185,000円**

4．為替予約に関する処理

4．X年8月1日、1か月前の7月1日の輸入取引によって生じた外貨建ての買掛金40,000ドル（決済日はX年9月30日）について、1ドル¥110で40,000ドルを購入する為替予約を取引銀行と契約し、振当処理を行うこととし、為替予約による円換算額との差額はすべて当期の損益として処理する。なお、輸入取引が行われたX年7月1日の為替相場（直物為替相場）は1ドル¥108であり、また本日（X年8月1日）の為替相場（直物為替相場）は1ドル¥109である。

・為替予約を行った場合、取引発生時の直物為替レートと為替予約時の先物為替レートとの差額は**為替差損益**として処理します。
なお、取引発生時は次の取引を行ってます。
【取引発生時の仕訳】

（仕　　入）	4,320,000	（買　掛　金）	4,320,000

為替差損益　：108円×40,000ドル（4,320,000円）－110円×40,000ドル＝**－80,000円**

5．設立時の処理

5．(1)　会社の設立にあたり、発行可能株式総数10,000株のうち2,500株を1株あたり¥40,000で発行し、その全額について引受けと払込みを受け、払込金は当座預金とした。なお、会社法が認める最低限度額を資本金として計上する。

(2)　上記(1)の会社の設立準備のために発起人が立て替えていた諸費用¥300,000を現金で支払った。

- 問題文の指示に従って、会社法が認める最低限度額である払込金額の2分の1を資本金（純資産）とし、残りの金額を資本準備金（純資産）として処理します。
- 会社設立に関する費用は**創立費（費用）**として処理します。

資　本　金　：@ 40,000円×2,500株×$\frac{1}{2}$＝**50,000,000円**
資本準備金　：@ 40,000円×2,500株－50,000,000円＝**50,000,000円**
創　立　費　：問題文より **300,000円**

第 2 問	配点 20 点　目標点 16 点

・本問は銀行勘定調整表と現金実査に関する仕訳の問題です。
・問われている内容については標準的な内容ですが、資料が読み取りにくいので解きにくい問題です。資料を整理しつつ、丁寧に解きましょう。

解答（●数字につき配点）

問1

当座預金勘定調整表
（3 月 31 日現在）

（単位：円）

当座預金帳簿残高			（❷ 3,070,000）
（加算）	［(1)］	（200,000）	
	［(1)］	（150,000）	（❷ 350,000）
（減算）	［(2)］	（500,000）	
	［(3)］	（14,000）	
	［(4)］	（120,000）	（❷ 634,000）
当座預金銀行残高			（❷ 2,786,000）

注［　　］には**［資料Ⅰ］**の番号(1)から(4)、（　　）には金額を記入すること。

問2

［資料Ⅰ］に関する仕訳

番号	借方科目	金額	貸方科目	金額	
(2)	**不渡手形**	**500,000**	**当座預金**	**500,000**	❷
(3)	**通信費**	**14,000**	**当座預金**	**14,000**	❷
(4)	**現金**	**120,000**	**当座預金**	**120,000**	❷

［資料Ⅱ］に関する仕訳

番号	借方科目	金額	貸方科目	金額	
(1)	**現金**	**95,000**	**為替差損益**	**95,000**	❷
(2)	**仮払金**	**100,000**	**現金**	**100,000**	❷
(4)	**現金** **仮払法人税等**	**8,000** **2,000**	**受取配当金**	**10,000**	❷

1．全体像の把握

当座預金勘定調整表は「企業残高基準法」による方法が問われています。したがって、当座預金勘定の帳簿残高からはじまり、当座預金の銀行残高で終わります。実際に解答する際は両者区分調整法で解き、その解答を企業残高基準法に当てはめて解答しましょう。

2．当座預金勘定調整表の作成

（1）両者区分調整法による当座預金勘定調整表の作成

両者区分調整法による当座預金勘定調整表を作成すると、次のようになります。まず当座預金帳簿残高からスタートし、その合計額より逆算して当座預金銀行残高を計算します。

当座預金勘定調整表

当座預金帳簿残高	3,070,000円	当座預金銀行残高	2,786,000円
(減算)		(減算)	
(2)　誤　記　入	500,000円	(1)　未取付小切手	200,000円
(3)　連絡未通知	14,000円	(1)　未取付小切手	150,000円
(4)　誤　記　入	120,000円		
	2,436,000円		2,436,000円

（2）仕訳

企業側の調整項目については仕訳を行います。

①　未取付小切手（(1)）

銀行側の調整項目のため仕訳は不要です。

②　誤記入（(2)）

（不　渡　手　形）	500,000	（当　座　預　金）	500,000

③　連絡未通知（(3)）

（通　　信　　費）	14,000	（当　座　預　金）	14,000

④　誤記入（(4)）

（現　　　　　金）	120,000	（当　座　預　金）	120,000

3．現金実査に関する修正仕訳

現金実査による事実にもとづき修正仕訳を行います。

（1）決算時における為替レートへの換算

ドル紙幣を決算時における為替レートに換算替えします。

（現　　　　　金）	95,000	（為　替　差　損　益）	95,000

為替差損益　：100ドル×50枚＋50ドル×90枚＝9,500ドル
　　　　　　　@110円×9,500ドル－950,000円＝**95,000円**

（2）仮払金の計上（未処理事項）

（仮　　払　　金）	100,000	（現　　　　　金）	100,000

（3）小切手に関する処理

［資料Ⅰ］ですでに処理済みのため仕訳は不要です。

（4）配当金の受取り

配当金に関する源泉所得税については**仮払法人税等**（資産）で処理します。

（現　　　　　金）	8,000	（受　取　配　当　金）	10,000
（仮　払　法　人　税　等）	2,000		

受取配当金　：8,000円÷（100％－20％）＝**10,000円**
仮払法人税等　：10,000円×20％＝**2,000円**

第３問	配点20点　目標点14点

・本問は貸借対照表を作成する問題です。
・決算にあたっての修正事項がありますので、まずは修正事項を確認してから決算整理事項等を解きましょう。

解答（●数字につき配点）

貸借対照表

株式会社鹿児島商会　　20X9年3月31日　　（単位：円）

資産の部		
Ⅰ 流動資産		
現金及び預金		（ 6,272,000 ）
売掛金	（ 9,220,000 ）	
貸倒引当金	（ 92,200 ）	（❷ 9,127,800 ）
（❷商品）		（ 8,500,000 ）
未収入金		（ 1,540,000 ）
流動資産合計		（ 25,439,800 ）
Ⅱ 固定資産		
建物	15,000,000	
減価償却累計額	（ 5,500,000 ）	（ 9,500,000 ）
備品	7,200,000	
減価償却累計額	（ 1,200,000 ）	（❷ 6,000,000 ）
（❷投資有価証券）		（ 7,700,000 ）
長期貸付金	3,000,000	
貸倒引当金	（ 450,000 ）	（❷ 2,550,000 ）
固定資産合計		（ 25,750,000 ）
資産合計		（ 51,189,800 ）
負債の部		
Ⅰ 流動負債		
買掛金		7,736,000
未払法人税等		（❷ 1,334,000 ）
未払消費税		（❷ 1,520,000 ）
流動負債合計		（ 10,590,000 ）
Ⅱ 固定負債		
（❷繰延税金負債）		（ 12,500 ）
固定負債合計		（ 12,500 ）
負債合計		（ 10,602,500 ）
純資産の部		
Ⅰ 株主資本		
資本金		30,000,000
繰越利益剰余金		（❷ 9,987,300 ）
株主資本合計		（ 39,987,300 ）
Ⅱ 評価・換算差額等		
その他有価証券評価差額金		（❷ 600,000 ）
評価・換算差額等合計		（ 600,000 ）
純資産合計		（ 40,587,300 ）
負債純資産合計		（ 51,189,800 ）

1．全体像の把握

本問は貸借対照表の作成問題なので、仕訳を行ったあと、貸借対照表項目のみを効率的に集計しましょう。

2．決算にあたっての修正事項

（1）保険金の確定に関する処理

保険金が確定したので、火災未決算を**火災損失**（**費用**）に振り替えます。

借方	金額	貸方	金額
（未　収　入　金）	1,540,000	（火　災　未　決　算）	3,600,000
（火　災　損　失）	2,060,000		

火　災　損　失　：3,600,000円－1,540,000円＝**2,060,000円**

（2）売掛金の回収に関する処理

借方	金額	貸方	金額
（現　金　預　金）	740,000	（売　　掛　　金）	740,000

3．決算整理事項等

（1）売上原価の計算と期末商品の評価

①　売上原価の計算

期首商品棚卸高を繰越商品勘定から仕入勘定に振り替えるとともに、期末商品棚卸高を仕入勘定から繰越商品勘定に振り替えて売上原価を計算します。

借方	金額	貸方	金額
（仕　　　　入）	8,400,000	（繰　越　商　品）	8,400,000
（繰　越　商　品）	8,900,000	（仕　　　　入）	8,900,000

②　商品評価損の計算

問題文の指示にしたがい、**商品評価損**（**費用**）を計上します。

借方	金額	貸方	金額
（商　品　評　価　損）	170,000	（繰　越　商　品）	170,000

③　棚卸減耗損の計算

問題文の指示にしたがい、**棚卸減耗損**（**費用**）を計上します。

借方	金額	貸方	金額
（棚　卸　減　耗　損）	230,000	（繰　越　商　品）	230,000

④　仕入勘定への振り替え

問題文の指示により、売上原価の内訳科目として、仕入へ振り替えます。

借方	金額	貸方	金額
（仕　　　　入）	230,000	（棚　卸　減　耗　損）	230,000
（仕　　　　入）	170,000	（商　品　評　価　損）	170,000

商　　　　品　：8,900,000円－170,000円－230,000円＝**8,500,000円**

（2）貸倒引当金の設定

期末債権について貸倒引当金を設定します。

（貸倒引当金繰入）	80,200	（貸　倒　引　当　金）	80,200

貸倒引当金繰入　：(9,960,000円－740,000円) 円×$\frac{10}{1,000}$＝92,200円（貸倒引当金）
92,200円－12,000円＝**80,200円**

（3）減価償却費の計上

①　建物

建物に関する減価償却費を計上します。

（減　価　償　却　費）	500,000	（建物減価償却累計額）	500,000

減価償却費　：15,000,000円÷30年＝**500,000円**

②　備品

減価償却費の損金算入限度超過額に関して**繰延税金資産**（**資産**）を計上します。

（減　価　償　却　費）	1,200,000	（備品減価償却累計額）	1,200,000
（繰　延　税　金　資　産）	75,000	（法　人　税　等　調　整　額）	75,000

減価償却費　：7,200,000円÷6年＝**1,200,000円**
繰延税金資産　：7,200,000円÷8年＝900,000円（8年：税務上の耐用年数）
：1,200,000円－900,000円＝300,000円（損金算入限度超過額）
：300,000円×25%＝**75,000円**（25%：実効税率）

（4）消費税に関する処理

仮払消費税と仮受消費税の差額を**未払消費税**（**負債**）として処理します。

（仮　受　消　費　税）	9,100,000	（仮　払　消　費　税）	7,580,000
		（未　払　消　費　税）	1,520,000

未払消費税　：9,100,000円－7,580,000円＝**1,520,000円**

（5）貸付金に関する貸倒引当金の設定

貸付金に関する貸倒れの設定が税務上認められなかったため、税効果会計を適用します。

（貸倒引当金繰入）	450,000	（貸　倒　引　当　金）	450,000
（繰　延　税　金　資　産）	112,500	（法　人　税　等　調　整　額）	112,500

貸倒引当金繰入　：3,000,000円×15%＝**450,000円**
繰延税金資産　：450,000円×25%＝**112,500円**

（6）その他有価証券

その他有価証券は時価で評価し、取得原価との差額は**その他有価証券評価差額金（純資産）**で処理します。なお、本問では当期首における再振替仕訳が未処理であるため、再振替仕訳も行います。

① 再振替仕訳（未処理事項）

（その他有価証券）	100,000	（繰延税金資産）	25,000
		（その他有価証券評価差額金）	75,000

繰延税金資産　：残高試算表より**25,000円**
その他有価証券評価差額金　：残高試算表より**75,000円**

② 決算整理仕訳

（その他有価証券）	800,000	（繰延税金負債）	200,000
		（その他有価証券評価差額金）	600,000

繰延税金負債　：6,800,000円＋100,000円（再振替仕訳）＝6,900,000円（取得原価）
7,700,000円－6,900,000円＝800,000円
800,000円×25％＝**200,000円**
その他有価証券評価差額金　：800,000円×75％＝**600,000円**

（7）法人税、住民税及び事業税の計上

問題文の指示にしたがって法人税を計上します。なお、中間納付で支払っている**仮払法人税等（資産）**との差額は**未払法人税等（負債）**で処理します。

（法人税、住民税及び事業税）	2,054,000	（仮払法人税等）	720,000
		（未払法人税等）	1,334,000

未払法人税等　：2,054,000円－720,000円＝**1,334,000円**

（8）繰延税金資産と繰延税金負債の相殺

繰延税金資産と繰延税金負債を相殺し、固定資産または固定負債で表示します。

（繰延税金負債）	187,500	（繰延税金資産）	187,500

繰延税金資産　：75,000円（備品）＋112,500円（貸倒引当金）＝**187,500円**（繰延税金資産）

（9）繰越利益剰余金の計算

繰越利益剰余金は、貸借対照表の貸借差額となります。

繰延利益剰余金　：51,189,800円（借方合計）－41,202,500円（貸方合計）＝**9,987,300円**

第 4 問	配点 20 点　目標点 16 点

・部門別個別原価計算に関する問題です。
・本問では予定配賦をしているので、まずは予定配賦額を計算します。その後、実際発生額と比較し、製造間接費差異まで計算します。

解答（●数字につき配点）

問1

月次予算部門別配賦表　(単位：円)

費目	合計	製造部門		補助部門		
		組立部門	切削部門	修繕部門	工場事務部門	材料倉庫部門
部門費	4,320,000	1,310,000	1,220,000	450,000	440,000	900,000
修繕部門費	**450,000**	**270,000**	**180,000** ❹			
工場事務部門費	**440,000**	**220,000**	**220,000** ❹			
材料倉庫部門費	**900,000**	**600,000**	**300,000** ❹			
製造部門費	4,320,000	**2,400,000**	**1,920,000** ❹			

問2

借方科目	金額	貸方科目	金額
製造間接費配賦差異	**107,500**	**組立部門費**	**78,000**
		切削部門費	**29,500** ❹

（別解）

(製造間接費配賦差異)	78,000	(組立部門費)	78,000
(製造間接費配賦差異)	29,500	(切削部門費)	29,500

解説

1. 全体像の把握

まず、月次予算部門別配賦表を作成しますが、配賦基準の選択を間違えないよう気をつけましょう。また、直接配賦法では補助部門への配賦は無視して行うので注意しましょう。

2．月次予算部門別配賦表の作成

資料にもとづき、直接配賦法で補助部門費を製造部門へ配賦します。

（1）修繕部門費の配賦

修繕部門費は、修繕時間を配賦基準として製造部門へ配賦します。

修繕部門費の予定配賦率：$\frac{450,000\text{円}}{75\text{時間}+50\text{時間}}$＝3,600円/時間

組立部門への配賦額：3,600円/時間×75時間＝**270,000円**

切削部門への配賦額：　〃　×50時間＝**180,000円**

（2）工場事務部門費の配賦

工場事務部門費は、従業員数を配賦基準として製造部門へ配賦します。

工場事務部門費の予定配賦率：$\frac{440,000\text{円}}{50\text{人}+50\text{人}}$＝4,400円/人

組立部門への配賦額：4,400円/人×50人＝**220,000円**

切削部門への配賦額：　〃　×50人＝**220,000円**

（3）材料倉庫部門費の配賦

材料倉庫部門費は、材料運搬回数を配賦基準として製造部門へ配賦します。

材料倉庫部門費の予定配賦率：$\frac{900,000\text{円}}{120\text{回}+60\text{回}}$＝5,000円/回

組立部門への配賦額：5,000円/回×120回＝**600,000円**

切削部門への配賦額：　〃　×60回＝**300,000円**

（4）組立部門費、切削部門費の計算

補助部門費からの配賦額を加えると、次の金額となります。

組立部門費　：1,310,000円＋270,000円＋220,000円＋600,000円＝**2,400,000円**

切削部門費　：1,220,000円＋180,000円＋220,000円＋300,000円＝**1,920,000円**

3．製造間接費予定配賦額の計算

製造部門費の予定配賦額を計算します。予定配賦額は、予定配賦率に実際直接作業時間を掛けて計算します。

（1）予定配賦率の計算

予定配賦率は、製造部門費の予算額を予定直接作業時間で割って計算します。

組立部門費の予定配賦率：$\frac{2,400,000\text{円}}{8,000\text{時間}}$＝**300円/時間**

切削部門費の予定配賦率：$\frac{1,920,000\text{円}}{6,000\text{時間}}$＝**320円/時間**

（2）予定配賦額の計算

予定配賦額は、予定配賦率に実際直接作業時間を掛けて計算します。

組立部門費の予定配賦額：300円/時間×7,800時間（実際直接作業時間）＝**2,340,000円**

切削部門費の予定配賦額：320円/時間×5,900時間（実際直接作業時間）＝**1,888,000円**

4．製造間接費実際発生額の計算

本問では、製造部門費の実際発生額を、実際配賦率に実際直接作業時間を掛けて計算します。

組立部門費の実際発生額：310円/時間（実際配賦率）×7,800時間（実際直接作業時間）＝**2,418,000円**

切削部門費の実際発生額：325円/時間（実際配賦率）×5,900時間（実際直接作業時間）＝**1,917,500円**

5．製造間接費配賦差異の計算

組立部門費、切削部門費の予定配賦額と実際発生額との差額で配賦差異を計算します。

組立部門費の配賦差異：2,340,000円（予定配賦額）－2,418,000円（実際発生額）＝**－78,000円（不利差異）**

切削部門費の配賦差異：1,888,000円（予定配賦額）－1,917,500円（実際発生額）＝**－29,500円（不利差異）**

第 5 問	配点 20 点　目標点 20 点
・本問は標準原価計算で差異分析を中心とした問題です。 ・標準原価計算の差異分析は、一度理解してしまえば簡単に解答できる内容です。また、試験でも頻出論点なので、必ずマスターしましょう。	

解答（●数字につき配点）

問1 ❸ 2,400,000 円

問2 ❸ 2,640,000 円

問3

（1）価格差異 ❷ 92,600 円（(有利)・不利）

数量差異 ❸ 52,000 円（有利・(不利)）

（2）予算差異 ❸ 14,000 円（有利・(不利)）

能率差異 ❸ 30,000 円（有利・(不利)）

操業度差異 ❸ 22,000 円（(有利)・不利）

解説

1．全体像の把握

問題の資料で標準原価カードが与えられているので、この標準原価カードの数値を用いて計算します。

2．予算生産量にもとづく標準原価の計算（問１）

2019 年 5 月の予算生産量にもとづいて標準原価を計算します。

予算生産量の標準原価：1,200 円/個（原価標準）×2,000 個（予算生産量）＝**2,400,000 円**

3．実際生産量にもとづく標準原価の計算（問２）

2019 年 5 月の実際生産量にもとづいて標準原価を計算します。

実際生産量の標準原価：1,200 円/個（原価標準）×2,200 個（実際生産量）＝**2,640,000 円**

4．製品Ｙに関する標準原価差異の差異分析（問３）

製品Ｙの実際生産量にもとづき差異分析を行います。

（１）原料費差異の分析

原料費差異は、標準単価と実際単価を比較して算出する価格差異、標準消費量と実際消費量を比較して算出する数量差異があります。

図で示すと、次のようになります。

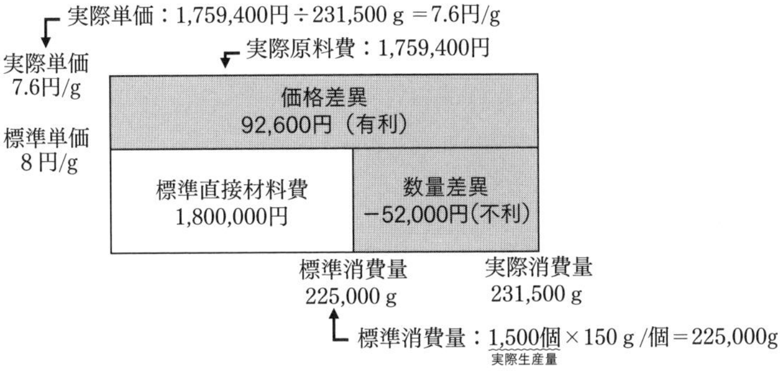

実際単価：1,759,400円÷231,500ｇ＝7.6円/g

実際原料費：1,759,400円

実際単価
7.6円/g

標準単価
8円/g

価格差異
92,600円（有利）

標準直接材料費
1,800,000円

数量差異
－52,000円（不利）

標準消費量
225,000ｇ

実際消費量
231,500ｇ

標準消費量：1,500個×150ｇ/個＝225,000g
（1,500個：実際生産量）

価格差異：(8円/ｇ－7.6円/ｇ）×231,500 ｇ＝**92,600円（有利差異）**
（標準単価　実際単価　実際消費量）

数量差異：8円/ｇ×（225,000 ｇ－231,500 ｇ）＝**－52,000円（不利差異）**
（標準単価　標準消費量　実際消費量）

（２）加工費差異の分析

加工費差異は、当月の標準加工費と実際の加工費を比較して原価差異を計算します。なお、本問では能率差異は変動費部分と固定費部分から計算します。

（１）予算差異の計算

予算差異は、月間の加工費の実際発生額と予算許容額との差で計算します。

予 算 許 容 額　：400円/時間×920時間＋990,000円＝1,358,000円

予　算　差　異　：1,358,000円－1,372,000円＝**－14,000円（不利差異）**

（２）能率差異の計算

能率差異は、月間の標準作業時間と実際作業時間との差で計算します。

月間標準作業時間　：1,500個×0.6時間＝900時間

能　率　差　異　：(900時間－920時間）×1,500円/時間＝**－30,000円（不利差異）**

（3）操業度差異の計算

操業度差異は、月間の実際作業時間と基準操業度との差で計算します。

固　定　費　率	：1,500 円/時間－400 円/時間＝1,100 円/時間
月間基準操業度	：990,000 円÷1,100 円/時間＝900 時間
操　業　度　差　異	：（920 時間－900 時間）×1,100 円/時間＝**22,000 円（有利差異）**

以上の差異分析を分析図で示すと、次のようになります。

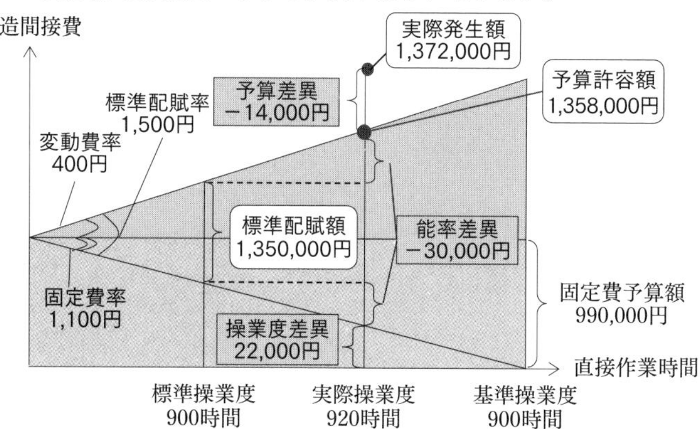

第153回 日商簿記検定 解答・解説

	第1問	第2問	第3問	第4問	第5問	合計
目標点	16点	16点	8点	16点	20点	76点
1回目	点	点	点	点	点	点
2回目	点	点	点	点	点	点

解く順番とアドバイス

第1問	問題文全体を読み、一番簡単な問題から解きましょう。
第5問	基本問題です。満点を狙いましょう。
第4問	製品の流れを考えながら解きましょう。
第2問	空欄の推定問題です。選択肢がヒントになるのでよく確認しましょう。
第3問	超難問です。部分点狙いで解きましょう。

第1問　配点20点　目標点16点

・まずは、比較的簡単な問2、問4から解きましょう。

・問5は資本金の4分の1規定に関する計算までできたかどうかがポイントです。常に確認することを心掛けましょう

解答（1、2、4、5の仕訳1組につき各4点、3の仕訳1組につき各2点）

		借方科目	金額	貸方科目	金額
1		研究開発費	870,000	当座預金	570,000
				普通預金	300,000
2		貸倒引当金	320,000	売掛金	600,000
		貸倒損失	280,000		
3	(1)	備品	3,600,000	当座預金	3,600,000
		固定資産圧縮損	1,800,000	備品	1,800,000
	(2)	減価償却費	420,000	備品	420,000
4		買掛金	800,000	電子記録債権	800,000
5		別途積立金	18,000,000	繰越利益剰余金	18,000,000
		繰越利益剰余金	21,000,000	未払配当金	20,000,000
				利益準備金	1,000,000

解説 

1．研究開発費

1．特定の研究開発の目的で備品￥500,000と実験用の薬剤￥70,000を購入し、代金は小切手を振り出して支払うとともに、この研究プロジェクトにのみ従事している客員研究員A氏に対する今月分の業務委託費￥300,000を当社の普通預金口座からA氏の指定する預金口座に振り込んだ。

- 研究および開発に関する支出額は、当期の費用として**研究開発費（費用）**として処理します。
- 特定の研究開発部門で働く研究員の業務委託費も研究開発費として処理します。

研究開発費	：500,000円＋70,000円＋300,000円＝**870,000円**
当座預金	：500,000円＋70,000円＝**570,000円**
普通預金	：問題文より**300,000円**

2．貸倒れに関する処理

2．得意先東西商事株式会社が倒産し、同社に対する売掛金￥600,000が回収不能となった。同社に対する売掛金のうち、￥400,000は前期の販売から生じたものであり、残額は当期の販売から生じたものである。なお、貸倒引当金の残高は￥320,000であり、設定金額は適切と認められる。

- 前期以前に発生した売掛金が貸し倒れた場合、貸倒引当金が設定されている場合は**貸倒引当金**で処理します。なお、貸倒れの金額が引当金の残高を超えている場合は、超えた金額を**貸倒損失（費用）**で処理します。
- 当期に発生した売掛金が貸し倒れた場合、全額を**貸倒損失（費用）**で処理します。

貸倒引当金	：問題文より**320,000円**
貸倒損失	：400,000円（前期販売分）−320,000円（貸倒引当金）＝80,000円（貸倒損失）
	600,000円（売掛金）−400,000円（前期販売分）＝200,000円（貸倒損失）
	80,000円＋200,000円＝**280,000円**

3．圧縮記帳

> 3．(1) 最新式のレジスター25台（@￥144,000）の導入にあたり、去る5月7日に国から￥1,800,000の補助金を得て、補助金の受領については適切に会計処理済みである。本日（6月1日）、上記のレジスターを予定どおり購入し、小切手を振り出して支払った。そのうえで、補助金に関する圧縮記帳を直接控除方式にて行った。なお、備品勘定は圧縮記帳した事実を示すように記入すること。
> (2) 本日決算日（12月31日）につき、上記の備品について減価償却（200%定率法）を月割計算にて行う。耐用年数は5年、記帳方法は直接法によること。

- 補助金の受領は適切に処理されているので、本問では備品の購入とそれに伴う圧縮記帳の処理を行います。
- 仕訳から取引が判断できる方法で処理するため、備品購入時の仕訳と圧縮記帳の仕訳を別々に行います。
- 減価償却の記帳方法は、問題文の指示に従って直接法で処理します。

備　　　品	：@144,000円×25台＝**3,600,000円**
固定資産圧縮損	：問題文より**1,800,000円**

減価償却費	：3,600,000円－1,800,000円（圧縮額）＝1,800,000円
	$\frac{1年}{5年}$ ×200（%）＝0.4（償却率）
	1,800,000円×0.4×$\frac{7か月}{12か月}$＝**420,000円**

4．電子記録債権

> 4．株式会社平成商会に対する買掛金￥800,000の支払いにつき、取引銀行を通じて電子債権記録機関に令和産業株式会社に対する電子記録債権の譲渡記録を行った。

- 買掛金の支払いとして電子記録債権を譲渡した場合、**電子記録債権（資産）**の減少として処理します。

電子記録債権	：問題文より**800,000円**

5．剰余金の配当、処分

> 5．株主総会が開催され、別途積立金￥18,000,000を全額取り崩して繰越利益剰余金に振り替えたうえで、繰越利益剰余金を財源に1株につき￥100の配当を実施することが可決された。株主総会開催直前の純資産は、資本金￥200,000,000、資本準備金￥40,000,000、利益準備金￥9,000,000、別途積立金￥18,000,000、および繰越利益剰余金￥7,000,000であった。会社法に定める金額の利益準備金を積み立てる。なお、発行済株式総数は200,000株である。

・別途積立金を取り崩すので**別途積立金（純資産）**の減少として処理します。
・利益の配当として支出した金額の10分の1を準備金として積み立てますが、本問では資本準備金と利益準備金の合計額が資本金の4分の1を上回ることになるので、資本金の4分の1に達するまで積み立てます。

別途積立金：問題文より**18,000,000円**

未払配当金：@100円×200,000株＝**20,000,000円**

利益準備金：（@100円×200,000株）$\times\frac{1}{10}$＝2,000,000円

200,000,000円$\times\frac{1}{4}$－（40,000,000円（資本準備金）＋9,000,000円（利益準備金））

＝1,000,000円

2,000,000円＞1,000,000円　　**利益準備金：1,000,000円**

第 2 問	配点 20 点　目標点 16 点

・本問は空欄の補充問題です。
・この形式での出題は珍しく受験生も戸惑いますが、内容は学習していますので落ち着いて解答しましょう。

解答（各2点）

①	②	③	④	⑤
テ	**ケ**	**オ**	**ネ**	**ク**

⑥	⑦	⑧	⑨	⑩
ヒ	**ハ**	**ウ**	**ツ**	**994,000** 千円

解説

空欄をうめると、次の文章になります。

1．法人税、消費税に関する記述

企業の所得に課税される税金には、法人税、住民税のほかに（　**事業税**　）がある。課税所得は1年間に得られた（　**①益金**　）から（　**損金**　）を差し引いて求め、これに税率をかけたものが納税額となる。また、消費税の記帳方法には税抜方式と（　**②税込**　）方式とがある。（　**②税込**　）方式では、納付すべき消費税を（　**③租税公課**　）勘定の借方に記入する。

2．収益の認識基準

収益の認識基準には複数のものがある。出荷基準、引渡基準、および検収基準の3つのうち、最も早く収益を計上するのは（　**出荷**　）基準であり、逆に最も遅く収益を計上するのは（　**④検収**　）基準である。

3．のれん

合併の対価が合併によって受け入れた資産から負債を差し引いた純資産額を上回る場合、その超過額である（　**のれん**　）は、貸借対照表の（　**⑤無形固定資産**　）の区分に記載し、（　**20**　）年以内に（　**定額**　）法その他合理的な方法によって規則的に償却しなければならない。これに対し、合併の対価が合併によって受け入れた純資産額を下回る場合、その不足額は、（　**負ののれん発生益**　）として損益計算書の（　**⑥特別利益**　）の区分に記載されることになる。

4．有価証券

有価証券は、その保有目的にしたがい、（　**売買目的有価証券**　）、（　**⑦満期保有目的の債券**　）、（　**子会社株式及び関連会社株式**　）およびその他有価証券に区分される。（　**⑦満期保有目的の債券**　）は（　**⑧取得原価**　）をもって貸借対照表価額とするが、債券金額より低い価額または高い価額で取得した場合、その差額が金利の調整と認められるときは、その差額を償還期まで一定の方法で取得価額に加減する。この方法を（　**⑨償却原価**　）法という。たとえば、20×1年4月1日に社債1,000,000千円を額面100円につき99.00円にて償還期日20×6年3月31日まで保有する目的で購入したとする。ここで定額法によって（　**⑨償却原価**　）法を適用したとすると、20×3年3月31日時点での（　**⑦満期保有目的の債券**　）の貸借対照表価額は（　**⑩ 994,000**　）千円となる

1,000,000千円×$\frac{@99.00円}{@100円}$＝990,000千円（取得原価）

（1,0000,000千円－990,000千円）×$\frac{12か月}{60か月}$＝2,000千円（償却額）

990,000千円＋2,000千円×2年＝**994,000千円（貸借対照表価額）**

第３問	配点20点　目標点8点
・本問の連結精算表は難易度が非常に高い問題のため、部分点を狙って解きましょう。	

解答（●数字につき配点）

連結精算表

（単位：千円）

科目	個別財務諸表		修正・消去		連結財務諸表
	P社	S社	借方	貸方	
貸借対照表					
現金預金	420,000	37,000			457,000
売掛金	650,000	282,000		276,000	656,000
製品及び商品	445,000	236,000		18,000	❷ 661,200
				1,800	
原材料		18,000	6,600	1,800	❷ 22,800
仕掛品		35,000			35,000
未収入金	69,000	36,000		8,000	97,000
前払費用	14,000		160		14,160
土地	250,000	80,000		8,500	❷ 321,500
建物	180,000	40,000			220,000
建物減価償却累計額	△ 24,000	△ 8,000			△ 32,000
機械装置	36,000	24,000			60,000
機械装置減価償却累計額	△ 12,000	△ 4,000			△ 16,000
❷（のれん）			40,800	2,400	38,400
子会社株式	270,000			270,000	0
資産合計	2,298,000	776,000	47,560	586,500	2,535,060
支払手形	120,000		50,000		70,000
買掛金	324,000	244,000	276,000	6,600	❷ 298,600
借入金	253,000			50,000	❷ 303,000
未払金	113,000	120,500	8,000		225,500
未払法人税等	30,000	3,000			33,000
未払費用	90,000	58,000			148,000
資本金	460,000	150,000	150,000		460,000
資本剰余金	150,000	37,500	37,500		150,000
利益剰余金	758,000	163,000	104,600	1,297,360	780,460
			1,500		
			12,000		
			1,500		
			1,318,300		
非支配株主持分			3,600	62,900	❷ 66,500
				7,200	
負債純資産合計	2,298,000	776,000	1,963,000	1,424,060	2,535,060
損益計算書					
売上高	3,326,000	1,507,400	1,273,000		❷ 3,560,400
売上原価	2,254,000	1,142,000	1,800	1,273,000	2,126,600
			18,000	1,500	
			1,800	15,000	
				1,500	
販売費及び一般管理費	864,000	311,000			1,175,000
（のれん）償却			2,400		2,400
受取利息	2,300	300			2,600
支払利息	6,340		2,600	160	❷ 8,780
手形売却損		2,600		2,600	❷ 0
土地売却益	8,500		8,500		0
法人税、住民税及び事業税	69,800	16,100			85,900
当期純利益	142,660	36,000	1,308,100	1,293,760	164,320
非支配株主に帰属する当期純利益			10,200	3,600	6,600
親会社株主に帰属する当期純利益	142,660	36,000	1,318,300	1,297,360	157,720

解説

1．全体像の把握

本問は連結精算表の作成問題ですが、子会社が製造業のため複雑な計算が必要になります。また、応用的な連結修正仕訳もありますので、部分点狙いで確実に得点を重ねましょう。

2．タイムテーブルの作成

タイムテーブルを作成し、全体像を把握します。

3．開始仕訳

前年度までの取引を整理し、開始仕訳を行います。

(1) 支配獲得日の連結修正仕訳（X0年4月1日）

支配獲得時の投資と資本を相殺消去し、のれんを計上します。

借方	金額	貸方	金額
(資　　本　　金)	150,000	(子 会 社 株 式)	270,000
(資 本 剰 余 金)	37,500	(非支配株主持分)	55,500
(利 益 剰 余 金)	90,000		
(の　　れ　　ん)	48,000		

の　れ　ん　：(150,000千円＋37,500千円＋90,000千円)×80%（親会社持分）－270,000千円
＝－**48,000千円**

非支配株主持分　：(150,000千円＋37,500千円＋90,000千円)×20%（非支配株主持分）＝**55,500千円**

(2) 前期末までにおける連結修正仕訳（X0年4月1日～X3年3月31日）

損益項目に関しては**利益剰余金**で仕訳をします。

① のれんの償却

借方	金額	貸方	金額
(利 益 剰 余 金)（のれん償却）	7,200	(の　　れ　　ん)	7,200

利益剰余金　：48,000千円÷20年×3年＝**7,200千円**

② 当期純利益の非支配株主への振り替え（X0年4月1日～X3年3月31日）

（利益剰余金） 非支配株主に帰属する当期純利益	7,400	（非支配株主持分）	7,400

利益剰余金　：163,000千円（×4年末）－36,000千円（当期純利益）＝127,000千円（×3年末）

127,000千円（×3年末）－90,000千円（×0年4月）＝37,000千円（利益剰余金増加額）

37,000千円×20％＝**7,400千円**

③ 開始仕訳（(1)＋①＋②）

上記の仕訳をまとめると、連結第4年度の開始仕訳となります。

（資本金）	150,000	（子会社株式）	270,000
（資本剰余金）	37,500	（非支配株主持分）	62,900
（利益剰余金）	104,600		
（のれん）	40,800		

4. 当期における連結修正仕訳（X3年4月1日～X4年3月31日）

当期における親子会社間の取引の相殺消去、未実現利益の消去を行います。

（1）のれんの償却

（のれん償却）	2,400	（のれん）	2,400

のれん償却　：48,000千円÷20年＝**2,400千円**

（2）当期純利益の非支配株主への振り替え

（非支配株主に帰属する当期純利益）	7,200	（非支配株主持分）	7,200

非支配株主持分　：36,000千円×20％＝**7,200千円**

（3）土地の売却に関する未実現利益の消去（ダウン・ストリーム）

親会社が、子会社に土地を売却しているので、その土地の売却に関する未実現利益を消去します。

（土地売却益）	8,500	（土地）	8,500

土地売却益　：60,000千円－51,500千円＝**8,500千円**

（4）未処理事項に関する仕訳

P社がS社に販売した取引につき、S社での仕入処理が未処理となっているためこの取引を追加で処理します。なお、仕入れた部品は次期へ繰り越されるため、繰越の仕訳も行います。

① 部品の仕入れに関する仕訳

（売上原価）	6,600	（買掛金）	6,600

② 部品の繰り越しに関する仕訳

（原材料）	6,600	（売上原価）	6,600

③ 未処理事項に関する仕訳（①+②）

（原材料）	6,600	（買掛金）	6,600

（5）手形取引に関する仕訳

連結会社間の手形取引で、振り出した手形を連結グループ外部の銀行で割り引いた場合、連結上は資金の借り入れとして**借入金**で処理します。

また、手形取引に伴う手形の割引料や未経過期間に関する取引についても処理する必要があります。

① 手形の割引に関する仕訳

（支払手形）	50,000	（借入金）	50,000

② 手形の割引料に関する仕訳

（支払利息）	2,600	（手形売却損）	2,600
（前払費用）	160	（支払利息）	160

（6）売掛金と買掛金の相殺消去

連結会社間の債権・債務を相殺消去します。なお、未処理事項がある場合はその未処理事項も考慮して仕訳を行います。

（買掛金）	276,000	（売掛金）	276,000

買掛金：210,000千円+59,400千円+6,600千円=**276,000千円**
売掛金：66,000千円+210,000千円=**276,000千円**

（7）未収入金と未払金の相殺消去

（未払金）	8,000	（未収入金）	8,000

（8） 売上高と売上原価の相殺消去に関する仕訳

上記の未処理事項を考慮し相殺消去仕訳を行います。

（売上高）	1,273,000	（売上原価）	1,273,000

売上高：363,000千円+910,000千円=**1,273,000千円**
売上原価：910,000千円+356,400千円+6,600千円=**1,273,000千円**

(9) S社の部品Aに含まれる未実現利益の消去(ダウン・ストリーム)

部品Aは10%の付加利益率で親会社であるP社より仕入れているので、ダウン・ストリームで処理します。

① 期首商品に含まれる未実現利益の消去

i) 開始仕訳

借方	金額	貸方	金額
(利益剰余金) 売上原価	1,500	(原材料)	1,500

利益剰余金　：16,500千円× $\frac{10\%}{100\%+10\%}$ =1,500千円

ii) 実現仕訳

借方	金額	貸方	金額
(原材料)	1,500	(売上原価)	1,500

iii) 期首商品に関する連結修正仕訳(i+ii)

借方	金額	貸方	金額
(利益剰余金)	1,500	(売上原価)	1,500

② 期末商品に含まれる未実現利益の消去

P社がS社に販売した取引に関する未処理事項を考慮して仕訳を行います。

借方	金額	貸方	金額
(売上原価)	1,800	(原材料)	1,800

原材料　：(13,200千円+6,600千円)× $\frac{10\%}{100\%+10\%}$ =1,800千円

(10) P社の付属機器Bに含まれる未実現利益の消去(アップ・ストリーム)

付属機器Bは30%の付加利益率で子会社であるS社より仕入れているので、アップ・ストリームで処理します。なお、アップ・ストリームの場合、S社の未実現利益を消去するとともに、S社の非支配株主の持分割合に応じて非支配株主持分を調整します。

① 期首商品に含まれる未実現利益の消去

i) 開始仕訳

借方	金額	貸方	金額
(利益剰余金) 売上原価	15,000	(製品及び商品)	15,000
(非支配株主持分)	3,000	(利益剰余金) 非支配株主に帰属する当期純利益	3,000

利益剰余金　：65,000千円× $\frac{30\%}{100\%+30\%}$ =**15,000千円**

非支配株主持分　：15,000千円×20%=**3,000千円**

ii) 実現仕訳

借方	金額	貸方	金額
(製品及び商品)	15,000	(売上原価)	15,000
(非支配株主に帰属する当期純利益)	3,000	(非支配株主持分)	3,000

iii）期首商品に関する連結修正仕訳（ⅰ＋ⅱ）

（利益剰余金）	12,000	（売上原価）	15,000
（非支配株主に帰属する当期純利益）	3,000		

②　期末商品に含まれる未実現利益の消去

（売上原価）	18,000	（製品及び商品）	18,000
（非支配株主持分）	3,600	（非支配株主に帰属する当期純利益）	3,600

製品及び商品　：78,000千円×$\frac{30\%}{100\%+30\%}$＝**18,000千円**
非支配株主持分　：18,000千円×20％＝**3,600千円**

(11)　P社の付属機器Bに使われる部品Aに含まれる未実現利益の消去（ダウン・ストリーム）

付属機器Bは30％の付加利益率で子会社であるS社より仕入れていますが、その付属機器Bを構成する部品AはP社がS社に対し付加した利益も含まれているため、その利益を控除します。なお、計算する際は、部品Aの構成割合を考慮する必要があります。

①　期首商品に含まれる未実現利益の消去

ⅰ）開始仕訳

（利益剰余金） 売上原価	1,500	（製品及び商品）	1,500

利益剰余金　：65,000千円×$\frac{100\%}{100\%+30\%}$＝50,000千円
50,000千円×33%（構成割合）＝16,500千円
16,500千円×$\frac{10\%}{100\%+10\%}$＝**1,500千円**

ⅱ）実現仕訳

（製品及び商品）	1,500	（売上原価）	1,500

iii）期首商品に関する連結修正仕訳（ⅰ＋ⅱ）

（利益剰余金）	1,500	（売上原価）	1,500

②　期末商品に含まれる未実現利益の消去

（売上原価）	1,800	（製品及び商品）	1,800

製品及び商品　：78,000千円×$\frac{100\%}{100\%+30\%}$＝60,000千円
60,000千円×33%（構成割合）＝19,800千円
19,800千円×$\frac{10\%}{100\%+10\%}$＝**1,800千円**

5．親子会社間の未実現利益について

未実現利益の関係につき当期末の数値を例に図解すると、次のような流れになります。

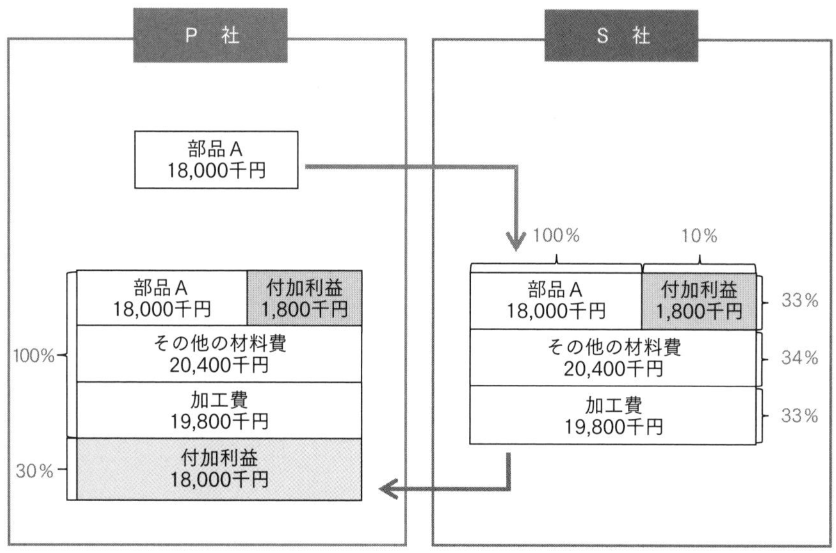

第 4 問	配点 20 点　目標点 16 点

・本問は本社工場会計に関する仕訳問題です。
・独特の勘定科目を使用するので最初は難しく感じますが、理解してしまえば得点源になりますので必ず理解しましょう。

解答（仕訳１組につき各２点）

	工場の仕訳			
	借方科目	金額	貸方科目	金額
(1)	材料	900,000	本社	900,000
(2)	賃金・給料	2,000,000	本社	2,000,000
(3)	製造間接費	120,000	本社	120,000
(4)	製造間接費	300,000	本社	300,000
(5)	本社	8,000,000	製品	8,000,000

	本社の仕訳			
	借方科目	金額	貸方科目	金額
(1)	工場	900,000	買掛金	900,000
(2)	工場	2,000,000	現金	2,000,000
(3)	工場	120,000	当座預金	120,000
(4)	工場	300,000	機械減価償却累計額	300,000
(5)	売上原価	8,000,000	工場	8,000,000

解説

1．全体像の把握

本問は本社工場会計の仕訳に関する問題です。本社と工場のモノの流れに着目し、勘定の流れを考えながら、今はどの時点の仕訳が問われているか考えながら解きましょう。なお、仕訳の勘定は、工場側の相手勘定は本社勘定、本社側の相手勘定は工場勘定を使用します。

2．工場の仕訳

（1）材料の購入

本社が材料を購入し、工場の倉庫に搬入しているので、工場側は**材料の増加**、本社側は**買掛金の増加**として処理します。

①　工場の仕訳（問1）

（材　料）	900,000	（本　社）	900,000

②　本社の仕訳（問1）

（工　場）	900,000	（買　掛　金）	900,000

（2）賃金の支払い

直接工賃金および間接工賃金を支払っているので、工場側は**賃金・給料の発生**、本社側は**現金の減少**として処理します。

①　工場の仕訳（問2）

（賃　金　・　給　料）	2,000,000	（本　社）	2,000,000

②　本社の仕訳（問2）

（工　場）	2,000,000	（現　金）	2,000,000

（3）製造間接費の支払い

工場清掃作業料金を支払っているので、工場側は**製造間接費の発生**、本社側は**当座預金の減少**として処理します。

①　工場の仕訳（問3）

（製　造　間　接　費）	120,000	（本　社）	120,000

②　本社の仕訳（問3）

（工　場）	120,000	（当　座　預　金）	120,000

（4）減価償却費の計上

減価償却費を計上しているので**製造間接費の発生**、本社側は**減価償却累計額**として処理します。

①　工場の仕訳（問4）

（製　造　間　接　費）	300,000	（本　社）	300,000

②　本社の仕訳（問4）

（工　場）	300,000	（機械減価償却累計額）	300,000

（5）製品の販売

製品が完成して販売された場合は製品勘定から売上原価勘定へ振り替えるため、工場側は**製品の減少**、本社側は**売上原価の増加**として処理します。

①　工場の仕訳（問5）

（本　　　　　　社）	8,000,000	（製　　　　　　品）	8,000,000

②　本社の仕訳（問5）

（売　上　原　価）	8,000,000	（工　　　　　　場）	8,000,000

第 5 問	配点 20 点　目標点 20 点
・本問は組別総合原価計算からの出題です。加工費の配賦方法を理解していれば単純総合原価計算と同じ処理なので、単純総合原価計算との違いを意識しながら解きましょう。	

解答（●数字につき配点）

組別総合原価計算表　（単位：円）

	A 製 品		B 製 品	
	直接材料費	加工費	直接材料費	加工費
月初仕掛品原価	—	—	—	—
当月製造費用	1,404,000	❷ **780,000**	1,085,000	❷ **532,800**
合 計	1,404,000	**780,000**	1,085,000	**532,800**
月末仕掛品原価	—	—	❷ **70,000**	❷ **10,800**
完成品総合原価	1,404,000	**780,000**	❷ **1,015,000**	**522,000**

月次損益計算書（一部）　（単位：円）

売上高		（❷ **10,400,000**）
売上原価		
月初製品棚卸高	（❷ **332,000**）	
当月製品製造原価	（❷ **3,721,000**）	
小計	（**4,053,000**）	
月末製品棚卸高	（❷ **285,000**）	（**3,768,000**）
売上総利益		（❷ **6,632,000**）

解説

1．全体像の把握

組別総合原価計算からの出題です。複数の製品の製品原価を計算するので、計算ミスのないよう資料を整理して解答しましょう。

2．加工費の実際配賦額の計算

加工費は機械稼働時間を配賦基準として配賦しているので、機械稼働時間にもとづきA製品およびB製品の加工費配賦額を計算します。

配賦率：$\frac{\text{加工費実際発生額 } 1,312,800\text{ 円}}{\text{実際機械稼働時間 } 16,250\text{ 時間} + 11,100\text{ 時間}}$ = **48 円/時間**

A製品への実際配賦額：48 円/時間×16,250 時間＝**780,000 円**

B製品への実際配賦額：48 円/時間×11,100 時間＝**532,800 円**

3. A製品の計算

（1）完成品原価の計算

A製品は月初仕掛品および月末仕掛品がないので、当月投入量がそのまま完成品原価となります。

完成品原価：1,404,000円（直接材料費）＋780,000円（加工費）＝**2,184,000円**

（2）月末製品および売上原価の計算

先入先出法で月末の在庫を計算し、売上原価を計算します。

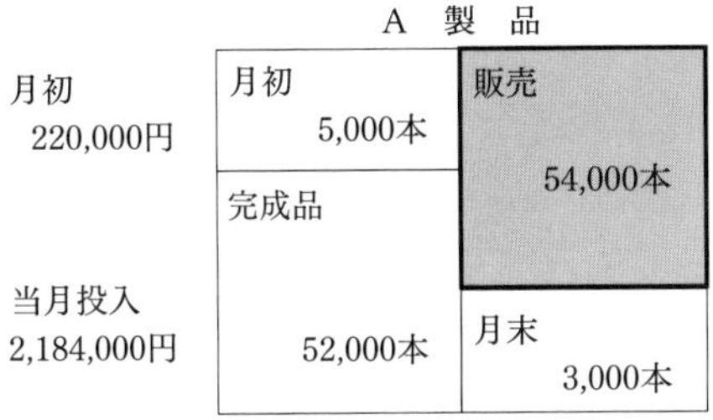

A 製 品

月初 220,000円	月初 5,000本	販売 54,000本
当月投入 2,184,000円	完成品 52,000本	月末 3,000本

月末製品原価：$\frac{2,184,000円}{52,000本}$×3,000本＝**126,000円**

売上原価：220,000円＋2,184,000円－126,000円＝**2,278,000円**

4. B製品の計算

B製品は月初仕掛品がありませんので、当月投入量のみで月末仕掛品と完成品原価の負担額を計算します。

（1）生産データの整理

生産データを整理します。加工費は加工進捗度に応じて計算します。

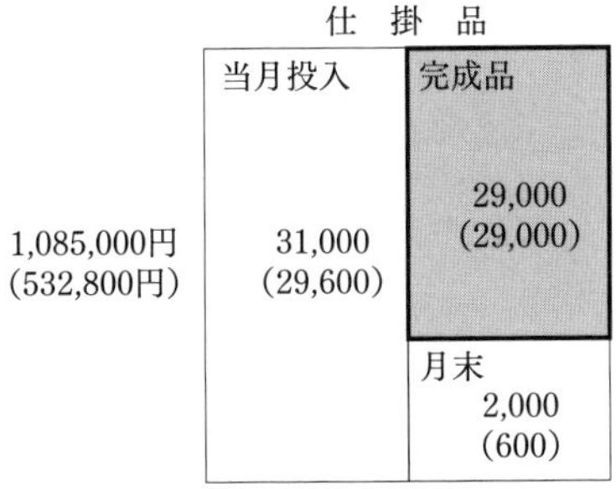

仕 掛 品

1,085,000円 (532,800円)	当月投入 31,000 (29,600)	完成品 29,000 (29,000)
		月末 2,000 (600)

加工換算量：月末 2,000本×30％＝600本

（2）月末仕掛品原価および完成品原価の計算

当月投入分を月末仕掛品および完成品原価に按分して計算します。

①　月末仕掛品の計算

材　料　費　：$\frac{1,085,000円}{31,000本}$×2,000本＝**70,000円**
加　工　費　：$\frac{532,800円}{29,600本}$×600本＝**10,800円**
（合計）**80,800円**

②　完成品原価の計算

材　料　費　：1,085,000円－70,000円＝**1,015,000円**
加　工　費　：532,800円－10,800円＝**522,000円**
（合計）**1,537,000円**

（3）月末製品および売上原価の計算

先入先出法で月末の在庫を計算し、売上原価を計算します。

B　製　品

	借方	貸方
月初 112,000円	月初 2,000本	販売 28,000本
当月投入 1,537,000円	完成品 29,000本	月末 3,000本

月末製品原価　：$\frac{1,537,000円}{29,000本}$×3,000本＝**159,000円**
売　上　原　価　：112,000円＋1,537,000円－159,000円＝**1,490,000円**

5．損益計算書の作成

今までの計算結果にもとづき、損益計算書を作成します。

売　　上　　高　：120円/本×54,000本（A製品）＋140円/本×28,000本（B製品）＝**10,400,000円**
月初製品棚卸高　：220,000円（A製品）＋112,000円（B製品）＝**332,000円**
当月製品製造原価　：2,184,000円（A製品）＋1,537,000円（B製品）＝**3,721,000円**

月末製品棚卸高　：126,000円 + 159,000円 = **285,000円**
（A製品）（B製品）

売　上　原　価　：2,278,000円 + 1,490,000円 = **3,768,000円**
（A製品）（B製品）

第154回 日商簿記検定 解答・解説

	第1問	第2問	第3問	第4問	第5問	合計
目標点	12点	14点	16点	16点	20点	78点
1回目	点	点	点	点	点	点
2回目	点	点	点	点	点	点

解く順番とアドバイス

第1問	問題文全体を読み、一番簡単な問題から解きましょう。
第5問	総合原価計算の基本問題です。満点を狙いましょう。
第4問	実際個別原価計算は勘定の流れを意識しましょう。
第3問	決算整理でわからない問題がある場合、とばしてさきに進みましょう。
第2問	下書用紙を使い、商品の受入れと払出しを丁寧に書きましょう。

第1問	配点20点　目標点12点

・まずは、比較的簡単な問2、問3、問4から解きましょう。
・問1、問5は難易度が高い問題です。特に問1は試験開始直後に解くには厳しいので、解くのは後回しにしましょう。

解答（仕訳1組につき各4点）

	仕訳			
	借方科目	金額	貸方科目	金額
1	**リース債務**	**1,440,000**	**普通預金**	**1,440,000**
	リース資産減価償却累計額	**2,160,000**	**リース資産**	**3,600,000**
	固定資産除却損	**1,440,000**		
2	**返品調整引当金繰入**	**810,000**	**返品調整引当金**	**810,000**
3	**退職給付引当金**	**27,000,000**	**預り金**	**4,000,000**
			当座預金	**23,000,000**
4	**売掛金**	**54,100,000**	**売上**	**54,100,000**
5	**ソフトウェア**	**25,000,000**	**ソフトウェア仮勘定**	**30,800,000**
	固定資産除却損	**5,800,000**		

解説 

1．リース取引

1．X1年4月1日から、ファイナンス・リース取引に該当する事務機器のリース契約（期間5年間、月額リース料￥60,000を毎月末支払い）を結び、利子込み法により会計処理してきたが、X4年3月31日でこのリース契約を解約してX4年4月以後の未払リース料の残額全額を普通預金から支払い、同時にこのリース物件（X4年3月31日までの減価償却費は計上済）を貸手に無償で返却し除却の処理を行った。

・リース資産を契約の途中で解約しているため、解約時点におけるリース債務を減少させる処理を行います。さらに、リース資産と減価償却累計額の差額を**固定資産除却損（費用）**として処理します。

リース債務	：60,000円×（60か月－36か月）＝**1,440,000円** （未経過期間）
リース資産減価償却累計額	：60,000円×36か月＝**2,160,000円** （リース期間）
固定資産除却損	：3,600,000円－2,160,000円＝**1,440,000円**
リース資産	：60,000円×60か月＝**3,600,000円** （リース契約期間）

2．返品調整引当金

2．販売した商品の一部については販売先からの請求にもとづき販売価格で引き取る契約を結んでいる。直近の6か月の売上￥14,400,000のうち50%はこのような契約をともなう売上であり、売上に対する返品率は45%と推定され、返品対象の売上総利益率は25%であった。この直近6か月の売上に対する予想返品に含まれる売上総利益相当額について、返品調整引当金を設定する。

・返品の対象となる商品について返品調整引当金を設定します。
・設定額は**返品調整引当金繰入（費用）**として処理します。

返品調整引当金繰入	：14,400,000円×50%＝7,200,000円 （返品調整引当金対象商品）
	7,200,000円×45%×25%＝**810,000円**

3．退職給付引当金

3．従業員の退職時に支払われる退職一時金の給付は内部積立方式により行ってきたが、従業員3名が退職したため退職一時金総額￥27,000,000を支払うこととなり、源泉所得税分￥4,000,000を控除した残額を当座預金から支払った。

・問題文に内部積立方式により行ってきたとあるので、退職時は**退職給付引当金（負債）**を取り崩す処理を行います。

退職給付引当金	：問題文より **27,000,000 円**
預り金	：問題文より **4,000,000 円**
当座預金	：27,000,000 円－4,000,000 円＝**23,000,000 円**

4．為替予約に関する処理

4．海外の取引先に対して、製品 500,000 ドルを 3 か月後に決済の条件で輸出した。輸出時の為替相場は 1 ドル￥110 であったが、1 週間前に 3 か月後に 300,000 ドルを 1 ドル￥107 で売却する為替予約が結ばれていたため、この為替予約の分については取引高と債権額に振当処理を行う。

・500,000 ドルの取引のうち、300,000 ドルについて為替予約が結ばれているため、300,000 ドルについては先物為替レートで処理し、残りの 200,000 ドルについては取引時の直物為替レートで処理します。

売上	：300,000 ドル×107 円＋200,000 ドル×110 円＝**54,100,000 円**

5．ソフトウェアに関する処理

5．外部に開発を依頼していた社内利用目的のソフトウェア（開発費用￥30,800,000 は銀行振込により全額支払済み）が完成し使用を開始したため、ソフトウェア勘定に振り替えた。なお、この開発費用の内容を精査したところ￥30,800,000 の中には、ソフトウェアの作り直し対象となった部分の費用￥5,800,000 が含まれており、資産性がないものとして除却処理することとした。

・ソフトウェアが完成して使用を開始したので、**ソフトウェア仮勘定（資産）**から**ソフトウェア（資産）**へ振り替える処理を行います。
・ソフトウェアの制作費用の内、資産性のないものについては**固定資産除却損（費用）**として処理します。

ソフトウェア	：30,800,000 円－5,800,000 円＝**25,000,000 円**
固定資産除却損	：問題文より **5,800,000 円**
ソフトウェア仮勘定	：問題文より **30,800,000 円**

第 2 問	配点 20 点　目標点 14 点

・商品売買取引の記帳に「販売のつど売上原価勘定に振り替える方法」を用いる問題です。払出単価の計算が複雑ですが、落ち着いて計算しましょう。

解 答（●数字につき配点）

問 1

売　　掛　　金

月	日	摘　　要	借　　方	月	日	摘　　要	貸　　方	
4	1	前 期 繰 越	1,700,000	4	12	**諸　　口**	**2,700,000**	❷
❷	8	**売　　上**	**2,700,000**		22	**電子記録債権**	**800,000**	❷
	18	**売　　上**	**2,646,000**		30	次 月 繰 越	**3,546,000**	
❷			**7,046,000**				**7,046,000**	

商　　　　品

月	日	摘　　要	借　　方	月	日	摘　　要	貸　　方	
4	1	前 期 繰 越	**1,500,000**	4	5	**買 掛 金**	**155,000**	
	4	**諸　　口**	**620,000**		8	**売 上 原 価**	**1,350,000**	
❷	10	**受 取 手 形**	**640,000**		18	**売 上 原 価**	**1,321,000**	❷
	15	**買 掛 金**	**990,000**		30	次 月 繰 越	**924,000**	❷
❷			**3,750,000**				**3,750,000**	

問 2

4 月の純売上高	¥　**5,336,000**	❷
4 月の売上原価	¥　**2,671,000**	❷

解 説

1．全体像の把握

商品売買の論点より、勘定記入と売上原価の計算に関する問題です。問題文の条件に注意しながら、一つずつ仕訳を書いていきましょう。

2．売掛金勘定および商品勘定への記入（問 1）

（1）4 月 1 日（商品の期首棚卸高の振り替え）

商品の期首棚卸高を商品勘定に前期繰越として記帳します。

商　　　　品　：@ 3,000 円 × 500 個 = **1,500,000 円**

（2）4月4日の仕訳（商品の仕入れ）

手付金を受け取ったときは**前払金（資産）**として処理し、手付金を充当して支払ったときは前払金の減少として処理します。

借方	金額	貸方	金額
（商　　品）	620,000	（前　払　金）	150,000
		（買　掛　金）	470,000

商　　品　：@ 3,100円×200個＝**620,000円**
前 払 金　：問題文より**150,000円**
買 掛 金　：620,000円－150,000円＝**470,000円**

（3）4月5日の仕訳（商品の返品）

商品を返品したときは**商品（資産）**の減少として処理します。4日に仕入れた商品を返品するため、単価は@ 3,100円で計算します。

借方	金額	貸方	金額
（買　掛　金）	155,000	（商　　品）	155,000

商　　品　：@ 3,100円×50個＝**155,000円**

（4）4月8日の仕訳（商品の売上げ）

「販売のつど売上原価勘定に振り替える方法」を用いているため、**商品（資産）**から**売上原価（費用）**に振り替える仕訳をします。なお、このときはまだ代金の割引処理を行いません。

借方	金額	貸方	金額
（売　掛　金）	2,700,000	（売　　上）	2,700,000
（売 上 原 価）	1,350,000	（商　　品）	1,350,000

売上原価　：@ 3,000円×450個＝**1,350,000円**
売　　上　：@ 6,000円×450個＝**2,700,000円**

（5）4月10日の仕訳（商品の仕入れ）

他人振出の約束手形を裏書譲渡したときは、**受取手形（資産）**の減少として処理します。

借方	金額	貸方	金額
（商　　品）	640,000	（受 取 手 形）	640,000

商　　品　：@ 3,200円×200個＝**640,000円**

（6）4月12日の仕訳（掛代金の回収）

8日の掛けの代金には割引の条件が付されており、条件通り1週間以内に支払われたため、代金の0.1%を**売上割引（費用）**として処理し、残額を**当座預金（資産）**として処理します。

借方	金額	貸方	金額
（当 座 預 金）	2,697,300	（売　掛　金）	2,700,000
（売 上 割 引）	2,700		

当座預金	：2,700,000円−2,700円＝**2,697,300円**
売上割引	：2,700,000円×0.1%＝**2,700円**
売掛金	：8日の取引より**2,700,000円**

（7）4月15日の仕訳（商品の仕入れ）

（商　　品）　990,000　（買　掛　金）　990,000

商品	：@3,300円×300個＝**990,000円**

（8）4月18日の仕訳（商品の売上げ）

払出単価は先入先出法で計算します。また、当社負担の発送運賃は**発送費（費用）**として処理します。

（売　掛　金）　2,646,000　（売　　上）　2,646,000
（売上原価）　1,321,000　（商　　品）　1,321,000
（発　送　費）　8,000　（当座預金）　8,000

売掛金	：@6,300円×420個＝**2,646,000円**
発送費	：問題文より**8,000円**
売上原価	：（50個×@3,000円）＋（150個×@3,100円）＋（200個×@3,200円）＋（20個×@3,300円）＝**1,321,000円**
売上	：@6,300円×420個＝**2,646,000円**
当座預金	：問題文より**8,000円**
商品	：**1,321,000円**

商　品

期首		売上原価	
	500個×@3,000円	(4)	450個×@3,000円
		(8)	50個×@3,000円
当月仕入			150個×@3,100円
(2)	200個×@3,100円		200個×@3,200円
(3)	△50個×@3,100円		20個×@3,300円
(5)	200個×@3,200円	月末	
(7)	300個×@3,300円		280個×@3,300円

（9）4月22日の仕訳（電子記録債権の発生）

売掛金が決済されたため、**売掛金（資産）**を減少させるとともに、**電子記録債権（資産）**を増加させます。

（電子記録債権）　800,000　（売　掛　金）　800,000

(10) 4月26日の仕訳（売上割戻）

売上割戻は**売上（収益）**の減少として処理します。

（売　　　　　上）	**10,000**	**（当　座　預　金）**	**10,000**

(11) 4月30日の仕訳（商品の実地棚卸）

商品の実地棚卸数量と帳簿の数量が同じであるため、仕訳は不要です。

３．４月の純売上高および売上原価の計算（問２）

上記の取引を集計し、純売上高と売上原価を計算します。

純　売　上　高	：2,700,000円＋2,646,000円－10,000円＝**5,336,000円**
売　上　原　価	：1,350,000円＋1,321,000円＝**2,671,000円**

第 3 問	配点 20 点　目標点 16 点

・本問は損益計算書の作成に関する問題です。
・法人税等に関する税効果会計の処理に気をつけましょう。

解答（❷数字につき配点）

損益計算書

自 2018 年 4 月 1 日　至 2019 年 3 月 31 日　　　（単位：円）

Ⅰ 売上高			7,249,000
Ⅱ 売上原価			
1 商品期首棚卸高		（ 220,000 ）	
2 当期商品仕入高		（ 5,880,000 ）	
合計		（ 6,100,000 ）	
3 商品期末棚卸高		（ 340,000 ）	
差引		（ 5,760,000 ）	
4 （**棚卸減耗損**）	❷	（ 2,400 ）	
5 商品評価損	❷	（ 4,220 ）	（ 5,766,620 ）
（**売上総利益**）			（ 1,482,380 ）
Ⅲ 販売費および一般管理費			
1 給料		720,000	
2 水道光熱費		49,800	
3 退職給付費用		（ 81,000 ）	
4 租税公課		（ 155,000 ）	
5 減価償却費	❷	（ 190,200 ）	
6 貸倒引当金繰入	❷	（ 16,000 ）	
7 貸倒損失		（ 6,000 ）	
8 （**のれん**）償却	❷	（ 80,000 ）	（ 1,298,000 ）
（**営業利益**）			（ 184,380 ）
Ⅳ 営業外収益			
1 有価証券利息			❷（ 11,900 ）
Ⅴ 営業外費用			
1 支払利息			❷（ 7,200 ）
（**経常利益**）			（ 189,080 ）
Ⅵ 特別利益			
1 （**固定資産売却益**）			❷（ 50,000 ）
Ⅶ 特別損失			
1 （**火災損失**）			❷（ 100,000 ）
税引前当期純利益			（ 139,080 ）
法人税、住民税及び事業税		（ 44,124 ）	
（**法人税等調整額**）		（ △ 2,400 ）	❷（ 41,724 ）
（**当期純利益**）			（ 97,356 ）

解説

1．全体像の把握

本問は、損益計算書の作成問題で、未処理事項と決算整理事項について問われています。未処理事項をさきに解き、その処理を前提に決算整理を行うので、未処理事項の仕訳が決算整理仕訳のどの部分とつながるかあらかじめ把握しておきましょう。

また、損益計算書の作成に関係ある収益、費用項目を中心に集計し、時間を意識して解きましょう。

2．未処理事項

（1）売掛金の貸倒れ

前期の売掛金が貸倒れた場合、貸倒引当金がある場合は**貸倒引当金**の減少として処理します。また、当期に発生した売掛金の貸倒れは**貸倒損失（費用）**で処理します。

（貸倒引当金）	4,000	（売掛金）	10,000
（貸倒損失）	6,000		

（2）火災保険金の支払いの決定

未決算の金額より火災保険金の確定額のほうが少ない場合、その差額については、**火災損失（費用）**で処理します。

（未収入金）	500,000	（未決算）	600,000
（火災損失）	100,000		

火災損失：600,000円－500,000円＝**100,000円**

（3）固定資産の売却

土地の売却に関する処理が未処理であるため、追加で仕訳を行います。

（当座預金）	550,000	（土地）	500,000
		（固定資産売却益）	50,000

固定資産売却益：550,000円－500,000円＝**50,000円**

3．決算整理事項

（1）貸倒引当金の設定

期末債権について貸倒引当金を設定します。なお、未処理事項を考慮することに注意しましょう。

（貸倒引当金繰入）	16,000	（貸倒引当金）	16,000

貸倒引当金繰入：（360,000円＋550,000円－10,000円）×2％＝18,000円
18,000円－（6,000円－4,000円）＝**16,000円**

（2）売上原価の計算と期末商品の評価

①　売上原価の計算

期首商品棚卸高を仕入勘定に振り替えるとともに、期末商品棚卸高を繰越商品勘定に振り替えて売上原価を計算します。

（仕　　　　　入）	220,000	（繰　越　商　品）	220,000
（繰　越　商　品）	340,000	（仕　　　　　入）	340,000

繰越商品（期末）　：850 個×@ 400 円＝**340,000 円**

②　棚卸減耗損の計算

問題文の指示にしたがい、**棚卸減耗損（費用）**を計上します。

（棚　卸　減　耗　損）	2,400	（繰　越　商　品）	2,400

棚 卸 減 耗 損　：(850 個－844 個）×@ 400 円＝**2,400 円**

③　商品評価損の計算

問題文の指示にしたがい、**商品評価損（費用）**を計上します。

（商　品　評　価　損）	4,220	（繰　越　商　品）	4,220

商 品 評 価 損　：(@ 400 円－@ 395 円）×844 個＝**4,220 円**

④　仕入勘定への振り替え

問題文の指示により、棚卸減耗損と商品評価損は売上原価の内訳科目として処理するため、仕入勘定へ振り替えます。

（仕　　　　　入）	2,400	（棚　卸　減　耗　損）	2,400
（仕　　　　　入）	4,220	（商　品　評　価　損）	4,220

以上の計算を図で示すと、次のようになります。

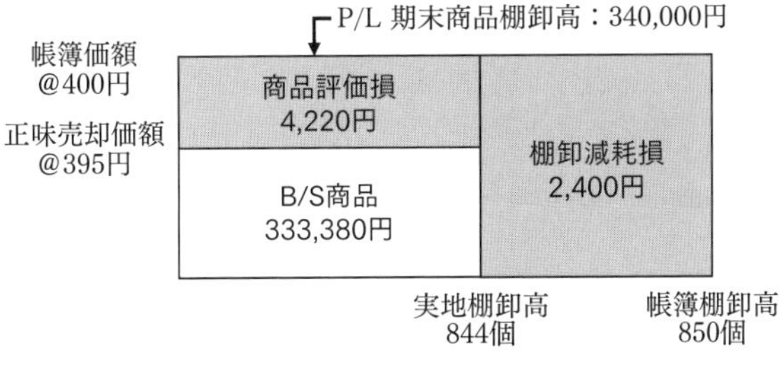

（3）減価償却費の計上

①　建物

建物に関する減価償却費を計上します。

（減　価　償　却　費）	50,000	（建物減価償却累計額）	50,000

減 価 償 却 費　：3,000,000 円÷40 年×$\frac{8\text{か月}}{12\text{か月}}$＝**50,000 円**

② 備品

備品に関する減価償却費を200%定率法により計上します。なお、備品は保証率と改定償却率が問題文に与えられていますが、通常の償却率で計算した金額が償却保証額を上回るため、通常の方法で計算した金額を当期の減価償却費とします。

(減価償却費) 115,200 (備品減価償却累計額) 115,200

減価償却費	：$\frac{1年}{10年}$×200（%）＝0.2（償却率） （900,000円－324,000円）×0.2＝115,200円
償却保証額	：900,000円×0.06552＝58,968円 115,200円＞58,968円 **減価償却費：115,200円**

(4) のれんの償却

のれんを定額法で償却し、**のれん償却（費用）**で処理します。

(のれん償却) 80,000 (のれん) 80,000

のれん償却	：240,000円×$\frac{12か月（2018年4月〜2019年3月）}{36か月（2018年4月〜2021年3月）}$＝**80,000円**

(5) 有価証券の評価

満期保有目的債券の額面金額と帳簿価額との差額は、償却原価法により**有価証券利息（収益）**として処理します。

(満期保有目的債券) 1,400 (有価証券利息) 1,400

有価証券利息	：（700,000円－694,400円）＝5,600円 5,600円×$\frac{12か月（2018年4月〜2019年3月）}{48か月（2018年4月〜2022年3月）}$＝**1,400円**

(6) 退職給付引当金の計上

退職給付引当金（負債）を計上します。

(退職給付費用) 81,000 (退職給付引当金) 81,000

(7) 貯蔵品の処理

すでに費用処理した収入印紙に未使用高がある場合は、**租税公課（費用）**を減少させるとともに**貯蔵品（資産）**の増加として処理します。

(貯蔵品) 25,000 (租税公課) 25,000

(8) 支払利息の計上

借入時から決算時までの利息の未払部分を**未払利息（負債）**として処理します。

(支払利息) 7,200 (未払利息) 7,200

支払利息	：900,000円×1.2%×$\frac{8か月}{12か月}$＝**7,200円**

(9) 法人税、住民税及び事業税の計上

損金算入が認められなかった額を考慮して法人税を計上します。

(法人税、住民税及び事業税)	44,124	(仮払法人税等)	18,000
		(未払法人税等)	26,124

法人税、住民税及び事業税　：(139,080円〔税引前当期純利益〕+8,000円〔損金不算入額〕)×30%=**44,124円**

(10) 税効果会計の適用

問題文の指示にしたがい、将来減算一時差異について税効果会計を適用します。

(繰延税金資産)	2,400	(法人税等調整額)	2,400

繰延税金資産　：8,000円×30%=**2,400円**

第 4 問	配点 20 点　目標点 16 点
・本問は実際個別原価計算に関する問題です。 ・個別原価計算と総合原価計算との違いを理解し、差異分析の方法を確認しましょう。	

解 答（●数字につき配点）

問1

	仕		訳		
	借方科目	金額	貸方科目	金額	
1	**材料**	**1,612,000**	**買掛金**	**1,612,000**	❹
2	**仕掛品**	**1,620,000**	**材料**	**1,620,000**	❹
3	**消費価格差異**	**75,000**	**材料**	**75,000**	❹

問2

完成品原価　❷ **1,872,000** 円

問3

製　造　間　接　費

実際発生額	1,382,200	予定配賦額	（❷ **1,312,000**）
		予算差異	（❷ **22,200**）
		操業度差異	（❷ **48,000**）
	1,382,200		1,382,200

解 説

1．全体像の把握

実際個別原価計算からの出題です。費目別の計算から完成品原価の計算まで問われているので、一連の流れを思い出しながら解きましょう。また、答案用紙に記入されている金額を使い計算する問題もあるので、問題用紙だけではなく答案用紙も確認しましょう。

2．仕訳（問1）

（1）直接材料実際購入高の計上

当月分の直接材料実際購入高は、実際購入単価で計算します。

(材　　料)	1,612,000	(買　掛　金)	1,612,000

材　　料　：1,240 円 /kg × 1,300kg = **1,612,000 円**

(2) 直接材料費の計上

当月分の直接材料費は、問題文の指示により予定消費単価で計算します。

(仕　掛　品)	1,620,000	(材　　料)	1,620,000

仕　掛　品　：問題文の資料より **1,620,000 円**

(3) 消費価格差異の計上

直接材料費の消費価格差異に関する仕訳です。まず、材料の払出単価を先入先出法により算出し、当月の実際消費額を計算します。そして、実際消費額と予定消費額を比較して消費価格差異を計算します。

材　料

月初有高 1,300円/kg	月初有高 350kg	当月消費量 1,350kg
当月仕入高 1,240円/kg	当月仕入高 1,300kg	月末有高 300kg

当月実際消費額
1,300円/kg × 350kg = 455,000円
1,240円/kg ×（1,350kg − 350kg）= 1,240,000円
455,000円 + 1,240,000円 = **1,695,000円**

(消費価格差異)	75,000	(材　　料)	75,000

消費価格差異　：1,620,000 円（予定消費額）− 1,695,0000 円（実際消費額）= **−75,000 円（不利差異）**

3. 完成品原価の計算（問2）

完成品原価を集計します。問題文より、完成品原価として集計するのは当月末までに完成した指図書＃0201 と一部仕損を補修するために発行した指図書＃0201-1 です。

直接材料費、直接労務費、製造間接費を集計し、当期の完成品原価を計算します。

	＃0201	＃0201-1	＃0202
直接材料費	660,000 円	120,000 円	840,000 円
直接労務費	340,000 円	80,000 円	400,000 円
製造間接費	544,000 円	128,000 円	640,000 円
合　　計	**1,544,000 円**	**328,000 円**	**1,880,000 円**
	完　成	完　成	仕掛中

完成品原価　：1,544,000 円（#0201）+ 328,0000 円（#0201-1）= **1,872,000 円**

4．製造間接費の計算（問3）

問題文と答案用紙より、製造間接費の予定配賦額と固定予算の額との差額を操業度差異、固定予算の額と実際発生額の差額を予算差異として処理します。

予 定 配 賦 額	：問題文資料2より1,312,000円
月間固定費予算	：問題文資料3より1,360,000円
実 際 発 生 額	：答案用紙より1,382,200円
予 算 差 異	：1,360,000円－1,382,200円＝**－22,200円（不利差異）**
操 業 度 差 異	：1,312,000円－1,360,000円＝**－48,000円（不利差異）**

第 5 問	配点 20 点　目標点 20 点

・本問は単純総合原価計算からの出題です。総合原価計算の分野からは等級別総合原価計算、組別総合原価計算、工程別総合原価計算などが出題されますが、そのすべての基礎となるのが本問の単純総合原価計算です。必ずマスターするよう心掛けてください。

解答（●数字につき配点）

問1

総合原価計算表　（単位：円）

	A 原料費	B 原料費	加工費	合計
月初仕掛品原価	480,000	0	220,000	700,000
当月製造費用	7,080,000	660,000	9,600,000	17,340,000
合計	7,560,000	660,000	9,820,000	18,040,000
差引：月末仕掛品原価	❹（ **240,000**）	（ **0**）	❹（ **160,000**）	（ **400,000**）
完成品総合原価	（ **7,320,000**）	❹（ **660,000**）	（ **9,660,000**）	❹（ **17,640,000**）

問2

完成品総合原価＝ **❹ 17,520,000** 円

1．全体像の把握

原料が2種類投入され、A原料費は工程の始点、B原料費は工程の60%の点で投入されています。したがって、原料ごとに分けて計算する必要があります。

また、仕損品は終点で発生しているので完成品原価に含めて処理します。問2では、仕損品の処分価額を考慮して計算します。

2．A原料費の計算（問1）

A原料費は始点で投入されているので、生産データにもとづき計算します。なお、月末仕掛品の計算は問題文の指示により先入先出法で計算します。

A 原料費

月初 480,000円	月初 4,000kg	完成品 60,000kg
		仕損 1,000kg
当月投入 7,080,000円	当月投入 59,000kg	月末 2,000kg

月末仕掛品原価	：$\frac{7,080,000円}{59,000kg}$×2,000kg＝**240,000円**
完成品原価	：480,000円＋7,080,000円－240,000円＝**7,320,000円**

3．B原料費の計算（問1）

B原料費は工程の60％の点で投入されています。月末仕掛品の進捗度は50％ですので、B原料費はすべて完成品に負担させます。

完成品原価	：**660,000円**

4．加工費の計算（問1）

加工費は、仕掛品の加工進捗度を考慮して月末仕掛品を計算します。

加工費

	借方	貸方
月初 220,000円	月初 2,000kg	完成品 60,000kg
		仕損 1,000kg
当月投入 9,600,000円	当月投入 60,000kg	月末 1,000kg

完成品	60,000kg	
仕損	1,000kg	
月末	1,000kg	(2,000kg×50％)
月初	－2,000kg	(4,000kg×50％)
当月投入	60,000kg	

月末仕掛品原価	：$\frac{9,600,000円}{60,000kg}$×1,000kg＝**160,000円**
完成品原価	：220,000円＋9,600,000円－160,000円＝**9,660,000円**

5．完成品総合原価の計算（問1）

上記の金額を合計して完成品総合原価を計算します。

A原料費	：7,320,000円	**17,640,000円**
B原料費	：660,000円	
加工費	：9,660,000円	

6．仕損品に評価額がある場合の完成品総合原価（問2）

問2のケースでは、完成品が負担した正常仕損費には売却による処分価額が1kg あたり120円あるので、その金額を完成品総合原価から控除します。

A 原料費：7,320,000円 B 原料費：　660,000円 加工費：9,660,000円	17,640,000円－（1,000kg×120円/kg）＝**17,520,000円** （1,000kg×120円/kg：仕損品処分価額）

滝澤ななみ（たきざわ・ななみ）

資格試験受験書のベストセラー著者として、日商簿記、FP、宅建士などで多くの著作を行っている。主な著作は『スッキリわかる日商簿記』シリーズ、『みんなが欲しかった簿記の教科書・問題集』シリーズ、『みんなが欲しかったFPの教科書・問題集』シリーズ、『みんなが欲しかった宅建士の教科書・問題集』シリーズ（以上TAC出版）『スカッと！解ける日商簿記』シリーズ（中央経済社）などがある。独学で資格試験に挑戦する一人ひとりに寄り添った「やさしくわかりやすい説明手法」に定評がある。「いかに専門用語の羅列をなくし、視覚や知識の定着にやさしくアプローチできるか」といった表現手法を日々研究し、著作活動に生かしている。一方で、日商簿記、FP、宅建士以外にも、多くの資格試験に精通し、「やさしくわかりやすい」資格試験書籍のフィールドを広げるべく、他分野での監修活動も行っている。主な監修分野には、「介護福祉士」「ケアマネージャー」などの医療福祉分野、「中小企業診断士」「社会保険労務士」などの経営・労務分野などがある。

＜facebook＞http://www.facebook.com/773taki

カバー・カラーページデザイン／鍋田哲平
本文デザイン・DTP／図書印刷株式会社
ふくろうイラスト／いぐちかなえ
編集／佐藤真由美
企画制作／株式会社SAMURAI Office

ベストライセンスシリーズ Let's Start!
新しい日商簿記2級
過去＆予想問題セレクション 2020年度版

2020年4月20日　第1刷発行

著　　者　滝澤ななみ
発 行 者　川端下誠／峰岸延也
編集発行　株式会社講談社ビーシー
　　　　　〒112-0013　東京都文京区音羽1-2-2
　　　　　電話　03-3943-5771（事業開発局）
発売発行　株式会社講談社
　　　　　〒112-8001　東京都文京区音羽2-12-21
　　　　　電話 03-5395-4415（販売）
　　　　　電話 03-5395-3615（業務）
印 刷 所　図書印刷株式会社
製 本 所　図書印刷株式会社

ISBN 978-4-06-518823-1　© Nanami Takizawa 2020　Printed in Japan　166p 21cm

Let's Start!

新しい日商簿記２級　過去&予想問題セレクション　2020 年度版

〈別冊〉問題用紙・答案用紙

〈別冊の使い方〉

①この用紙を残したまま、冊子をていねいに抜き取ってください。色紙は本体から取れませんのでご注意ください。

②抜き取った冊子は、針金を外してください。針金を外す際はケガをしないように、注意してください。外した用紙は、コピーすれば何度でも活用することができます。

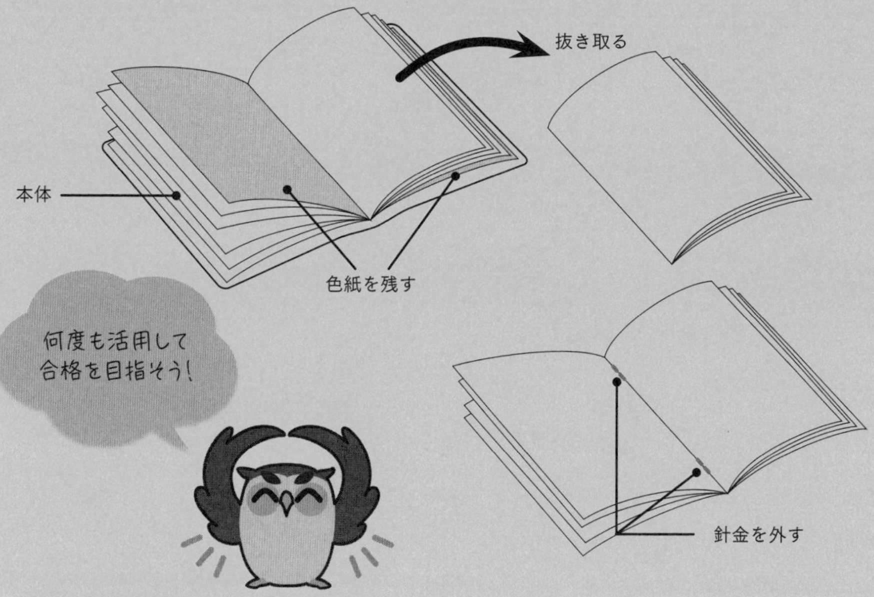

〈別冊ご利用時の注意〉

抜き取りの際の損傷についてのお取替えはご遠慮願います。

冊子内容は下記からもダウンロードすることができます。

https://bestlicense.jp/boki

※ダウンロードデータを許可なく配布したりWebサイト等に転載したりすることはできません。
　また、本データは予告なく終了することがあります。あらかじめご了承ください。

第1回予想問題　問題

第1問（20点）

下記の各取引について仕訳しなさい。ただし、勘定科目は、次の中から最も適当と思われるものを選び、正確に記入すること。

現金	当座預金	普通預金	売掛金
未収入金	売買目的有価証券	建物	構築物
ソフトウェア	ソフトウェア仮勘定	満期保有目的債券	子会社株式
その他有価証券	繰延税金資産	支払手形	買掛金
未払金	未払配当金	商品保証引当金	修繕引当金
繰延税金負債	資本金	資本準備金	その他資本剰余金
利益準備金	別途積立金	繰越利益剰余金	その他有価証券評価差額金
商品保証費	修繕費	ソフトウェア償却	法人税等調整額

1．社内利用目的のソフトウェアの開発を外部に依頼し、５回均等分割払いの条件で契約総額￥50,000,000 の全額を未払計上し、４回分をすでに支払っていた。本日、このソフトウェアの製作が完成し使用を開始したため、ソフトウェアの勘定に振り替えるとともに、最終回（第５回目）の支払いに関して当座預金口座を通じて行った。

2．決算に際して、長期投資目的で１株あたり￥2,000 にて取得していた秋田重工業株式会社の株式 8,000 株を時価評

第2問（20点）

下記の各問に答えなさい。ただし、仕訳や勘定記入を行うにあたり、勘定科目等は次の中から最も適当と思われるものを選ぶこと。

現金	当座預金	土地	のれん
子会社株式	その他有価証券	諸資産	諸負債
資本金	資本準備金	その他資本剰余金	繰越利益剰余金
その他有価証券評価差額金	非支配株主持分	土地売却益	負ののれん発生益
のれん償却	土地売却損	非支配株主に帰属する当期純利益	非支配株主に帰属する当期純損失
損益	前期繰越	次期繰越	諸口

問1　東海商事株式会社は、北陸株式会社を当期首（×5年4月1日）に合併し、北陸株式会社の株主に自社の株式30,000株（1株あたりの時価@￥800）を交付した。なお、資本金は1株につき￥500とし、資本準備金は1株につき￥200、残りはその他資本剰余金とした。また、合併時の北陸株式会社の諸資産、諸負債は次のとおりである。

	帳簿価額	時価
諸資産	￥30,000,000	￥32,000,000
諸負債	￥9,000,000	￥9,200,000

第3問（20点）

次に示した徳島株式会社の［**資料Ⅰ**］、［**資料Ⅱ**］、［**資料Ⅲ**］にもとづいて、答案用紙の損益計算書を作成しなさい。なお、会計期間は×2年4月1日から×3年3月31日までの1年間である。

［**資料Ⅰ**］決算整理前残高試算表

決算整理前残高試算表　（単位：円）

借方	勘定科目	貸方
1,829,000	現金預金	
3,600,000	売掛金	
1,240,000	クレジット売掛金	
	貸倒引当金	18,450
36,000	前払費用	
530,000	売買目的有価証券	
680,000	繰越商品	
75,000	仮払金	
100,000	仮払法人税等	
6,200,000	建物	
	建物減価償却累計額	2,250,000

第1回予想問題　問題

［資料Ⅱ］決算にあたっての修正事項

1．決算手続き中に、¥150,000の商品を得意先に納入し、先方による検収が3月中に完了していたとの連絡が入った。なお、当社では、クレジット取引をのぞき商品の売買はすべて掛けで行っており、収益の認識は検収基準にもとづいている。

2．当期の12月1日に中古の建物¥1,200,000を取得し、翌年1月1日より使用している（処理済み）。ただし、建物に関し、使用できる状態にするための内装工事に¥400,000を支出していたが、これをすべて修繕費として処理していた。

3．土地の一部（帳簿価額¥2,500,000）を売却し、売却代金¥2,650,000を当座預金としていたが未記帳である。

4．仮払金は当期中に支払った従業員の退職金¥75,000であり、退職給付引当金で充当する。

［資料Ⅲ］決算整理事項

1．期末商品帳簿棚卸高は¥840,000（［資料Ⅱ］1．の原価は控除済み）である。ただし、商品Aには棚卸減耗損¥120,000、商品Bには商品評価損¥30,000が生じており、いずれも売上原価の内訳項目として表示する。

2．期末残高に対し、クレジット売掛金については0.5%、売掛金については1.5%を差額補充法により貸倒引当金を設定する。

3．有形固定資産の減価償却は次のとおりである。

	減価償却方法	残存価額	耐用年数	備考
建　　物	定額法	ゼロ	20年	新規取得分は月割で減価償却を行う

第1回予想問題　問題

第４問（20点）

下記の一連の取引について仕訳しなさい。ただし、勘定科目は次の中から最も適当なものを選ぶこと。

材料	材料副費	賃金・給料	製造間接費	仕掛品
買掛金	材料副費差異	予算差異	操業度差異	

1．原料1,500kg（購入代価400円/kg）と工場消耗品80,000円（購入代価）を掛けで購入した。なお、当工場では購入時に予定配賦を実施しており、材料副費として原料の購入代価の10%を予定配賦している。

2．１.の材料副費予定配賦額と実際発生額との差額を材料副費差異勘定に振り替える。なお、当月の材料副費の実際発生額は64,500円であった。

3．当月の労務費の実際消費額を計上する。なお、直接工の作業時間報告書によれば、加工時間は650時間、段取時間は70時間、間接作業時間は20時間、手待時間が10時間であった。また、当工場において適用される直接工の予定賃率は１時間あたり1,050円である。

4．直接作業時間を配賦基準として製造間接費を各製造指図書に予定配賦した。なお、公式法変動予算に基づく年間の製造間接費予算は29,784,000円、年間の予定総直接作業時間は8,760時間である。

5．製造間接費について予定配賦額と実際発生額との差額を予算差異勘定と操業度差異勘定に振り替える。公式法変動予算に基づく製造間接費予算のうち年間固定費は17,520,000円であった。また、当月の製造間接費の実際発生額は2,520,000円である。

受験番号

氏名

総　合　点

第１回予想問題　答案用紙

２　級　①

商　業　簿　記

採　点　欄	
第1問	

第１問（20点）

	仕		訳	
	借方科目	金額	貸方科目	金額
1				
2				

受験番号

氏名

第１回予想問題　答案用紙
２　級　②
商　業　簿　記

採　点　欄	
第2問	

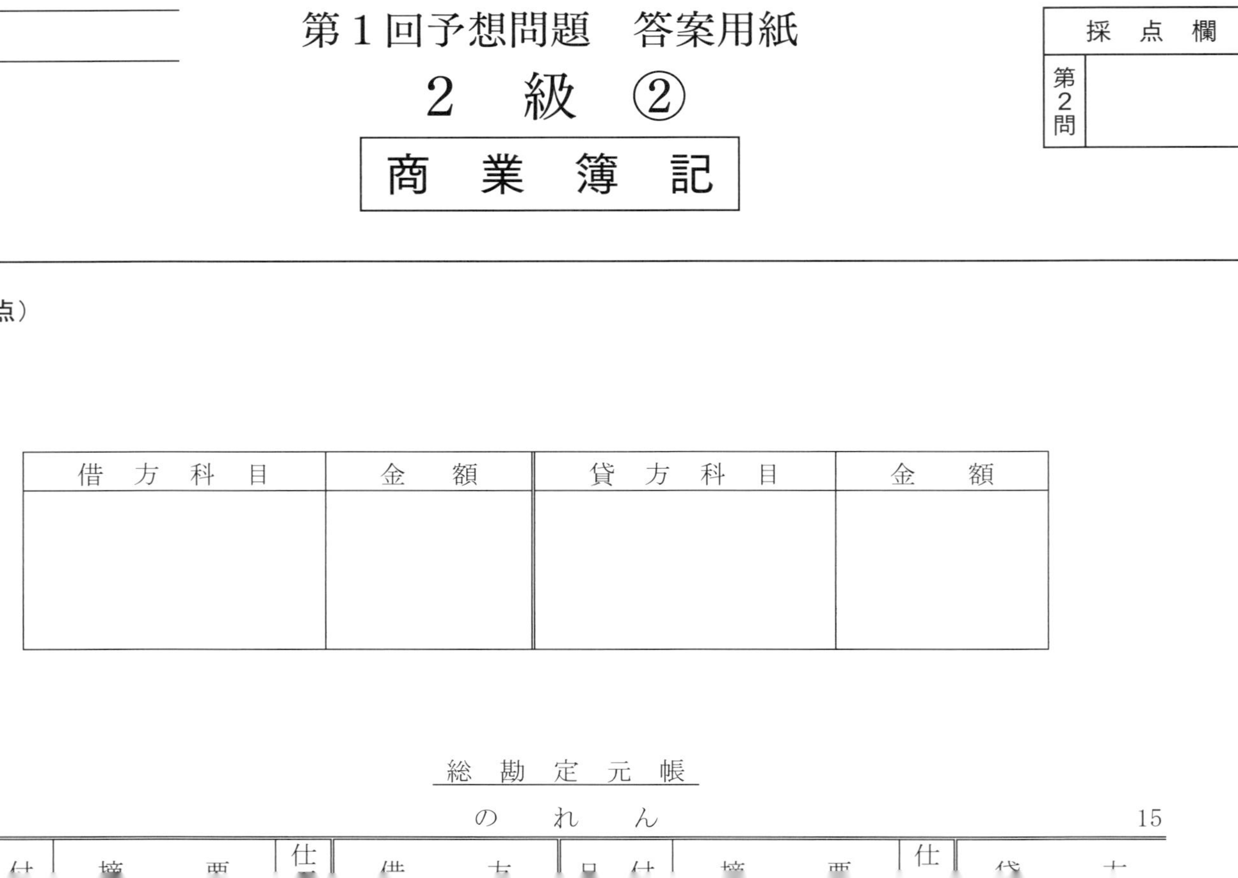

第２問（20点）

問１

（１）

借　方　科　目	金　　額	貸　方　科　目	金　　額

（２）

総　勘　定　元　帳

の　れ　ん　　15

		仕丁				仕丁	

受験番号

氏名

第1回予想問題　答案用紙

2　級　③

商　業　簿　記

採　点　欄	
第3問	

第3問（20点）

損　益　計　算　書

自×2年4月1日　至×3年3月31日　（単位：円）

Ⅰ 売上高		（　　）
Ⅱ 売上原価		
1 期首商品棚卸高	（　　）	
2 当期商品仕入高	（　　）	
合計	（　　）	
3 期末商品棚卸高	（　　）	
差引	（　　）	
4 棚卸減耗損	（　　）	
5 商品評価損	（　　）	（　　）
売上総利益		（　　）
Ⅲ 販売費及び一般管理費		

受験番号

氏名

第１回予想問題　答案用紙
２　級　④
工　業　簿　記

採　点　欄	
第4問	
第5問	

第４問（20点）

	仕		訳	
	借方科目	金額	貸方科目	金額
1				
2				
3				
4				

第2回予想問題　問題

第1問（20点）

下記の各取引について仕訳しなさい。ただし、勘定科目は、次の中から最も適当と思われるものを選び、正確に記入すること。

現金	当座預金	普通預金	売掛金
クレジット売掛金	電子記録債権	未収入金	仮払消費税
商品	建物	リース資産	支払手形
買掛金	前受金	仮受消費税	未払消費税
リース債務	建物減価償却累計額	未決算	資本金
資本準備金	利益準備金	繰越利益剰余金	売上
役務収益	保険差益	仕入	売上原価
役務原価	支払手数料	支払リース料	火災損失

1．商品を¥400,000（税抜）で販売し、このうち消費税込みで¥110,000を現金で受取り、残額をクレジット払いの条件とするとともに、信販会社へのクレジット手数料（クレジット販売代金の4％）も販売時に計上した。なお、消費税の税率は10％とし、税抜方式で処理するが、クレジット手数料には消費税は課税されない。また、商品売買に関しては三分法で記帳している。

第2回予想問題　問題

第２問（20点）

次に示した北陸物産株式会社の［**資料**］にもとづき、答案用紙の株主資本等変動計算書について、（　　）に適切な金額を記入して完成しなさい。金額が負の値であるときは、（　　）の前に△を付している。なお、会計期間は×2年４月１日から×3年３月31日までの１年間である。

［**資料**］

１．×2年６月11日、新株を発行して増資を行い、払込金￥2,000,000は当座預金口座を通じて受け取った。なお、増資に伴う資本金の計上額は、払込金の70％の金額とした。

２．×2年６月30日、定時株主総会を開催し、剰余金の配当および処分を次のように決定した。

（１）　株主への配当￥1,250,000…このうち￥250,000はその他資本剰余金を財源とし、残りは繰越利益剰余金を財源とする。

（２）　株主への配当に伴う準備金の積立て…その他資本剰余金を財源とする配当については、その10分の１に相当する金額をその他資本剰余金から資本準備金として積み立て、繰越利益剰余金を財源とする配当については、その10分の１に相当する金額を繰越利益剰余金から利益準備金として積み立てる。

（３）　別途積立金の積立て…繰越利益剰余金を処分し、別途積立金として￥300,000を積み立てる。

３．×3年３月31日、決算にあたり、次の処理を行った。

（１）　その他有価証券（前期末の時価は￥1,550,000、当期末の時価は￥1,620,000）について時価評価を行い、評価差額を全部純資産直入法により純資産として計上した。なお、その他有価証券はすべて株式であり、当

第2回予想問題　問題

第３問（20点）

次に示した秋田株式会社の［**資料Ⅰ**］、［**資料Ⅱ**］、［**資料Ⅲ**］にもとづいて、答案用紙の貸借対照表を作成しなさい。なお、会計期間は×2年４月１日から×3年３月31日までの１年間である。

［**資料Ⅰ**］決算整理前残高試算表

決算整理前残高試算表　（単位：円）

借方	勘定科目	貸方
337,500	現金	
2,505,000	当座預金	
945,000	受取手形	
1,520,000	売掛金	
	貸倒引当金	75,000
1,867,000	繰越商品	
545,000	仮払消費税	
30,000	仮払法人税等	
6,750,000	建物	
1,350,000	備品	

第2回予想問題　問題

［資料Ⅱ］ 未処理事項

1．掛売上として処理していた商品の売上（売価￥150,000（税抜）、原価￥105,000）が３月31日までに出荷されていなかったことが判明したが、売上の取消し処理が未処理だった。なお、消費税の税率は10%とする。

2．銀行に取立依頼していた得意先振出しの約束手形￥120,000について、その決済金額が当座預金口座に振り込まれていたが、この取引が未処理であった。

3．売掛金のうち￥80,000は得意先が倒産したため回収不能であることが判明したので、貸倒れとして処理する。なお、￥30,000は当期の取引から生じたものである。

4．手形￥300,000を取引銀行で割り引き、割引料￥12,500を差し引いた手取額は当座預金としていたが、この取引は未記帳である。

［資料Ⅲ］ 決算整理事項

1．受取手形と売掛金の期末残高に対して1.5%の貸倒れを見積る。なお、貸倒引当金は差額補充法によって設定している。

2．商品の期末帳簿棚卸高は￥1,655,000、実地棚卸高は￥1,660,000であった。棚卸差異の原因を調査したところ、次の事項が判明した。

（1）３月31日に納入された商品￥25,000（税抜）の掛仕入が帳簿上で計上もれであった。

（2）**［資料Ⅱ］** 1．の商品は帳簿棚卸高と実地棚卸高のいずれにも含まれていないことが判明した。

3．有形固定資産の減価償却は、次の方法で行う。

第2回予想問題　問題

第４問（20点）

当社では受注生産を行っており、製品原価の計算には実際個別原価計算を採用している。［資料］にもとづいて、下記の［一連の取引］について仕訳を示しなさい。なお、勘定科目は次の中から最も適当と思われるものを選ぶこと。

材料	賃金・給料	製造間接費	仕掛品
製品	消費価格差異	予算差異	操業度差異

［資料］

1．当月の月初在高と直接材料仕入高

月初在高　　300kg（520円/kg）

当月仕入高　4,500kg（530円/kg）

2．当月の直接材料消費量・直接作業時間・機械稼働時間

製造指図書番号	＃101	＃201	＃301
直接材料消費量	1,200kg	1,500kg	1,900kg
直接作業時間	100時間	150時間	130時間
機械稼働時間	250時間	360時間	230時間

3．直接材料費に関する資料

予定消費単価　500円/kg

第2回予想問題　問題

第５問（20点）

当工場では、同一工程で等級製品Ａ、Ｂ、Ｃを連続生産している。次の［資料］にもとづいて、当月の月末仕掛品原価、完成品総合原価、等級製品Ａ、Ｂ、Ｃの完成品総合原価を計算しなさい。

［資料］

１．生産データ

月初仕掛品	500 個	(0.4)
当月投入	11,000	
合計	11,500 個	
正常仕損	1,100	
月末仕掛品	400	(0.75)
完成品	10,000 個	

（注）なお、材料は工程の始点で投入し、（　　）内は加工費の進捗度である。

２．完成品データ

Ａ製品　5,000個

Ｂ製品　3,000個

Ｃ製品　2,000個

受験番号

氏名

総合点

第2回予想問題　答案用紙

2級 ①

商業簿記

採点欄	
第1問	

第1問（20点）

	仕訳			
	借方科目	金額	貸方科目	金額
1				
2				

受験番号

氏名

第2回予想問題　答案用紙

2　級　②

商　業　簿　記

採点欄	
第2問	

第2問（20点）

株主資本等変動計算書

自×2年4月1日　至×3年3月31日

（単位：千円）

	株主資本			
	資本金	資本剰余金		
		資本準備金	その他資本剰余金	資本剰余金合計
当期首残高	25,000	2,000	1,200	3,200
当期変動額				
新株の発行	(　　)	(　　)		(　　)
剰余金の配当		(　　)	△(　　)	△(　　)
別途積立金の積立				

受験番号

氏名

第2回予想問題　答案用紙
2　級　③
商　業　簿　記

採　点　欄	
第3問	

第3問（20点）

貸　借　対　照　表
x3年3月31日
（単位：円）

資産の部			負債の部	
Ⅰ 流動資産			Ⅰ 流動負債	
現金預金		(　　)	支払手形	(　　)
受取手形	(　　)		買掛金	(　　)
売掛金	(　　)		未払費用	(　　)
計	(　　)		未払法人税等	(　　)
貸倒引当金	(　　)	(　　)	未払消費税	(　　)
商品		(　　)	賞与引当金	(　　)
流動資産合計		(　　)	流動負債合計	(　　)
Ⅱ 固定資産			Ⅱ 固定負債	

受験番号

氏名

第2回予想問題　答案用紙

2　級　④

工　業　簿　記

採　点　欄	
第4問	
第5問	

第4問（20点）

	仕		訳	
	借　方　科　目	金　　額	貸　方　科　目	金　　額
1				
2				
3				
4				

第3回予想問題　問題

第1問（20点）

下記の各取引について仕訳しなさい。ただし、勘定科目は、次の中から最も適当と思われるものを選び、正確に記入すること。

現金	当座預金	普通預金	別段預金
受取手形	売掛金	仮払金	建物
車両運搬具	機械装置	構築物	リース資産
長期前払費用	のれん	諸資産	支払手形
前受金	営業外支払手形	リース債務	諸負債
資本金	株式申込証拠金	資本準備金	その他資本剰余金
利益準備金	繰越利益剰余金	売上	負ののれん発生益
研究開発費	給料	のれん償却	支払リース料

1．研究開発に従事している従業員の給料￥450,000および特定の研究開発にのみ使用する目的で購入した機械装置の代金￥4,000,000につき、普通預金口座を通じて支払った。

2．生産ライン増設のための工事が完成し、機械装置に￥5,000,000、構築物に￥1,400,000を計上した。この工事に関し、毎月末に支払期日が到来する額面￥325,000の約束手形20枚を振り出して相手先に交付した。なお、約束手形に含まれる利息相当額については資産勘定で処理すること。

第2問（20点）

次の固定資産に関連する［資料］にもとづいて、次の設問に答えなさい（会計期間は×5年4月1日から×6年3月31日）。減価償却に係る記帳は直接法によることとし、期中に備品を売却、除却をした場合、減価償却費は月割りで計算すること。また、決算にあたっては英米式決算法にもとづき締め切ること。

［資料］

取引日	摘要	内容
4月1日	前期繰越	A備品（取得：×4年4月1日　取得価額：￥900,000 残存価額：ゼロ　耐用年数：8年　200%定率法） B備品（取得：×4年4月1日　取得価額：￥500,000 残存価額：ゼロ　耐用年数：5年　200%定率法）
〃	リース取引開始	複合機のリース契約を締結し、ただちに引渡しを受け、使用を開始した。 ・年間リース料：￥170,000（後払い） ・見積現金購入価額：￥600,000 ・リース期間：4年 ・減価償却：残存価額ゼロ　定額法 ・リース取引の会計処理：ファイナンス・リース取引に該当し、利子込み法を適用
4月30日	国庫補助金受入	機械装置の購入に先立ち、国から補助金￥300,000が当社の当座預金口座に振り

第3回予想問題　問題

第３問（20点）

次の［資料］にもとづいて、×2年３月期（×1年４月１日から×2年３月31日まで）の連結精算表（連結貸借対照表と連結損益計算書の部分）を作成しなさい。

［資料］

1．Ｐ社は×0年３月31日にＳ社の発行済株式総数（10,000株）の70％を575,000千円で取得して支配を獲得し、それ以降Ｓ社を連結子会社として連結財務諸表を作成している。Ｓ社の純資産の部の変動は、次のとおりであった。

	×0年３月31日	×1年３月31日	×2年３月31日
資本金	500,000千円	500,000千円	500,000千円
利益剰余金	150,000千円	270,000千円	350,000千円
合計	650,000千円	770,000千円	850,000千円

2．Ｓ社は×1年３月期において80,000千円、当期において50,000千円の配当を行っている。

3．のれんは20年にわたり定額法で償却を行っている。

4．Ｐ社およびＳ社間の債権債務残高および取引高は、次のとおりであった。なお、Ｐ社がＳ社から仕入れた商品30,000千円がＰ社で未処理であったため適正に処理する。

Ｓ社からＰ社　　　　Ｐ社からＳ社

第4問（20点）

当社はA製品を生産しており、パーシャル・プランの標準原価計算を採用している。

1．A製品の標準原価カード

	（標準単価）	（標準消費量）	
直接材料費	800円/kg	0.5kg	400円
	（標準賃率）	（標準直接作業時間）	
直接労務費	1,500円/時間	0.6時間	900円
	（標準配賦率）	（標準直接作業時間）	
製造間接費	3,000円/時間	0.6時間	1,800円
製品1個あたりの標準製造原価			3,100円

2．当月のA製品の生産量・完成量は2,500個であり、月初および月末の仕掛品はない。また、当月の実際製造費用は下記のとおりである。

直接材料費　1,050,000円

直接労務費　2,270,000円

製造間接費　4,780,000円

第3回予想問題　問題

第５問（20点）

次の［**資料**］にもとづいて、答案用紙の仕掛品勘定と損益計算書を完成しなさい。なお、当社では、直接原価計算による損益計算書を作成している。

［**資料**］

1．棚卸資産は下記のとおりである。なお、仕掛品および製品は変動製造原価のみで計算されている。

	期首有高	期末有高
原　　料	360,000円	310,000円
仕 掛 品	435,000円	480,000円
製　　品	530,000円	470,000円

2．原料の当期仕入高は2,900,000円である。

3．賃金・給料に関する資料は下記のとおりである。なお、直接工は直接作業のみに従事している。また、間接工賃金は変動費、工場従業員給料は固定費である。

（1）賃金・給料の当期支払高

直接工賃金 1,250,000円

間接工賃金 380,000円

工場従業員給料 540,000円

（2）賃金・給料の未払高

受験番号

氏名

総合点

第3回予想問題　答案用紙
2級 ①
商業簿記

採点欄	
第1問	

第1問（20点）

	仕		訳	
	借方科目	金額	貸方科目	金額
1				
2				

受験番号 ＿＿＿＿＿＿＿＿

氏名 ＿＿＿＿＿＿＿＿

第3回予想問題　答案用紙
2　級　②
商　業　簿　記

採　点　欄	
第2問	

第２問（20点）

問１　減価償却費総額　¥ [　　　　]

問２　備品の売却損益　¥ [　　　　]　（　損　・　益　）のいずれかを○で囲みなさい。

問３　備品の除却損　¥ [　　　　]

問４　減価償却費総額　¥ [　　　　]

問５

機　械　装　置

7/1	（　　　）	（　　　）	7/1	（　　　）	（　　　）

受験番号

氏名

第3回予想問題　答案用紙

2　級　③

商　業　簿　記

採　点　欄	
第3問	

第3問（20点）

連結精算表　　　　（単位：千円）

科　目	個別財務諸表		修正・消去		連結財務諸表
	P　社	S　社	借　方	貸　方	
貸借対照表					
現金預金	1,350,000	158,000			
売掛金	3,200,000	2,800,000			
貸倒引当金	△32,000	△28,000			
商品	1,280,000	620,000			
貸付金	720,000	100,000			
土地	780,000	195,000			
建物	1,500,000	150,000			
減価償却累計額	△750,000	△105,000			
のれん					
投資有価証券	1,000,000	225,000			

受験番号

氏名

第3回予想問題　答案用紙

2　級　④

工　業　簿　記

採　点　欄	
第4問	

第4問（20点）

問1

借　方　科　目	金　　額	貸　方　科　目	金　　額

問2

借　方　科　目	金　　額	貸　方　科　目	金　　額

問3

受験番号

氏名

第3回予想問題　答案用紙
2　級　⑤
工　業　簿　記

採　点　欄	
第5問	

第5問（20点）

仕　掛　品

期首有高	435,000	当期完成高	(　　)
直接材料費	(　　)	期末有高	(　　)
直接労務費	(　　)		
変動製造間接費	(　　)		
	(　　)		(　　)

損　益　計　算　書

第4回予想問題　問題

第1問（20点）

下記の各取引について仕訳しなさい。ただし、勘定科目は、次の中から最も適当と思われるものを選び、正確に記入すること。

現金	当座預金	普通預金	受取手形
営業外受取手形	売掛金	商品	貯蔵品
仕掛品	前払金	仮払金	仮払法人税等
建物	備品	不渡手形	支払手形
営業外支払手形	買掛金	未払法人税等	備品減価償却累計額
売上	役務収益	受取配当金	有価証券利息
仕入	売上原価	役務原価	支払家賃
固定資産売却損	固定資産除却損	本店	支店

1．顧客に対するサービス提供が完了し、契約額￥2,000,000を収益に計上した（翌月末受取）。また、それまでに仕掛品に計上されていた諸費用￥1,200,000と追加で発生した外注費￥150,000との合計額を原価に計上した（翌月末支払）。なお、外注費は買掛金勘定で処理すること。

2．決算にあたり、本店が支払った支払家賃￥1,250,000につき、その5分の2を長野支店が負担するよう本店より指示があったので、長野支店はこの指示にしたがって支払家賃を計上した。なお、当社は支店独立会計制度を導入し

第4回予想問題　問題

第2問（20点）

問題1

次の［資料］にもとづいて、下記の設問に答えなさい。なお、会計期間は1年であり、決算日は3月31日とする。また、［資料］以外の外貨建取引は生じていない。

［資料］

1．取引の概要

×1年9月1日	当社は商品500ドルを掛で輸入した。なお、代金は×2年6月30日に支払う予定である。
×2年1月1日	当社は商品400ドルを掛で輸出した。なお、代金は×2年9月30日に受け取る予定である。
×2年3月31日	決算日
×2年6月30日	×1年9月1日に取引を行った際の掛代金500ドルを、当座預金口座を通じて支払った。
×2年9月30日	×2年1月1日に取引を行った際の掛代金400ドルが、当座預金口座に振り込まれた。

2．為替相場

	直物為替相場	先物為替相場
×1年9月1日	112円/ドル	114円/ドル
×2年1月1日	114円/ドル	116円/ドル
×2年2月1日	117円/ドル	118円/ドル
×2年3月31日	120円/ドル	123円/ドル

第3問（20点）

次の［資料］にもとづいて、答案用紙の精算表を完成しなさい。なお、会計期間は4月1日から翌年3月31日までの1年間である。

［資料］決算整理事項等

1．配当金領収証￥37,500を受け取っていたが、未処理であった。

2．当座預金の銀行残高証明書の金額は￥680,000であり、当社の帳簿残高と不一致であったため、その原因を調査したところ、次の事実が判明した。

（1）買掛金の支払いのために￥350,000の小切手を仕入先に振り出していたが、仕入先ではこの小切手代金の取立てを決算日現在行っていなかった。

（2）掛代金として回収した￥125,000を￥215,000と誤記していた。

（3）銀行に取立依頼し、当座預金口座に入金済みの約束手形￥200,000について、当社では未記帳であった。

（4）売掛金￥180,000を回収し、直ちに当座預金口座へ預け入れたが、銀行では翌日入金となっていた。

（5）広告宣伝費の支払いのため決算日直前に小切手￥150,000を作成して振出処理を行っていたが、取引先への引渡しが行われずに、金庫に保管されていた。

3．受取手形および売掛金の期末残高に対して1％の貸倒れを見積もり、差額補充法により貸倒引当金を設定する。

4．商品の期末棚卸高は次のとおりである。なお、売上原価は「仕入」の行で計算し、棚卸減耗損と商品評価損は、独立の科目として表示する。

	帳簿棚卸数量	実地棚卸数量	原価	正味売却価額

第4回予想問題　問題

第4問（20点）

当工場では材料としてA原料およびB消耗品を使用している。次の［資料］にもとづいて、答案用紙の各勘定に適切な金額を記入しなさい。なお、当工場では、材料に関する取引について、月末に仕訳帳に仕訳し、材料勘定に合計転記している。

［資料］

1．材料費に関する資料

A原料の消費高は継続記録法によって製造指図書（＃101、＃201、＃301）ごとに把握し、消費価格は実際消費価格とする。B消耗品の消費高は棚卸計算法によって把握し、当月末の実地棚卸によればB消耗品の月末有高は23,000円であった。

A　原　料

4月1日	月初有高	80,000円
4月3日	仕入れ	500,000円
4月10日	払出（＃101）	330,000円
4月15日	仕入れ	550,000円
4月18日	払出（＃201）	480,000円
4月25日	払出（＃301）	180,000円

B　消　耗　品

4月1日	月初有高	18,000円
4月5日	仕入れ	150,000円
4月18日	仕入れ	115,000円

2．製造間接費に関する資料

製造間接費は、A原料消費高を配賦基準として各製造指図書に予定配賦している。製造間接費の年間予算額は

受験番号

氏名

総合点

第４回予想問題　答案用紙

２　級　①

商　業　簿　記

採点欄	
第1問	

第１問（20点）

	仕訳			
	借方科目	金額	貸方科目	金額
1				
2				

受験番号

氏名

第4回予想問題　答案用紙

2　級　②

商　業　簿　記

採　点　欄	
第2問	

第２問（20点）

問題１

問１

売　掛　金	￥	
買　掛　金	￥	
為替差損益	￥	（　　　）

差益の場合は益、差損の場合は損とカッコ内に記入

問２

為替差損益	￥	（　　　）

差益の場合は益、差損の場合は損とカッコ内に記入

問３

受験番号

氏名

第4回予想問題　答案用紙

2　級　③

商　業　簿　記

採　点　欄	
第3問	

第3問（20点）

精　算　表

勘定科目	残高試算表		修正記入		損益計算書		貸借対照表	
	借方	貸方	借方	貸方	借方	貸方	借方	貸方
現金	388,000							
当座預金	250,000							
受取手形	325,000							
売掛金	550,000							
売買目的有価証券	520,000							
繰越商品	85,000							
建物	1,500,000							
備品	1,300,000							
満期保有目的債券	784,000							
その他有価証券	700,000							

受験番号

氏名

第4回予想問題　答案用紙
2　級　④
工　業　簿　記

採点欄	
第4問	
第5問	

第4問（20点）

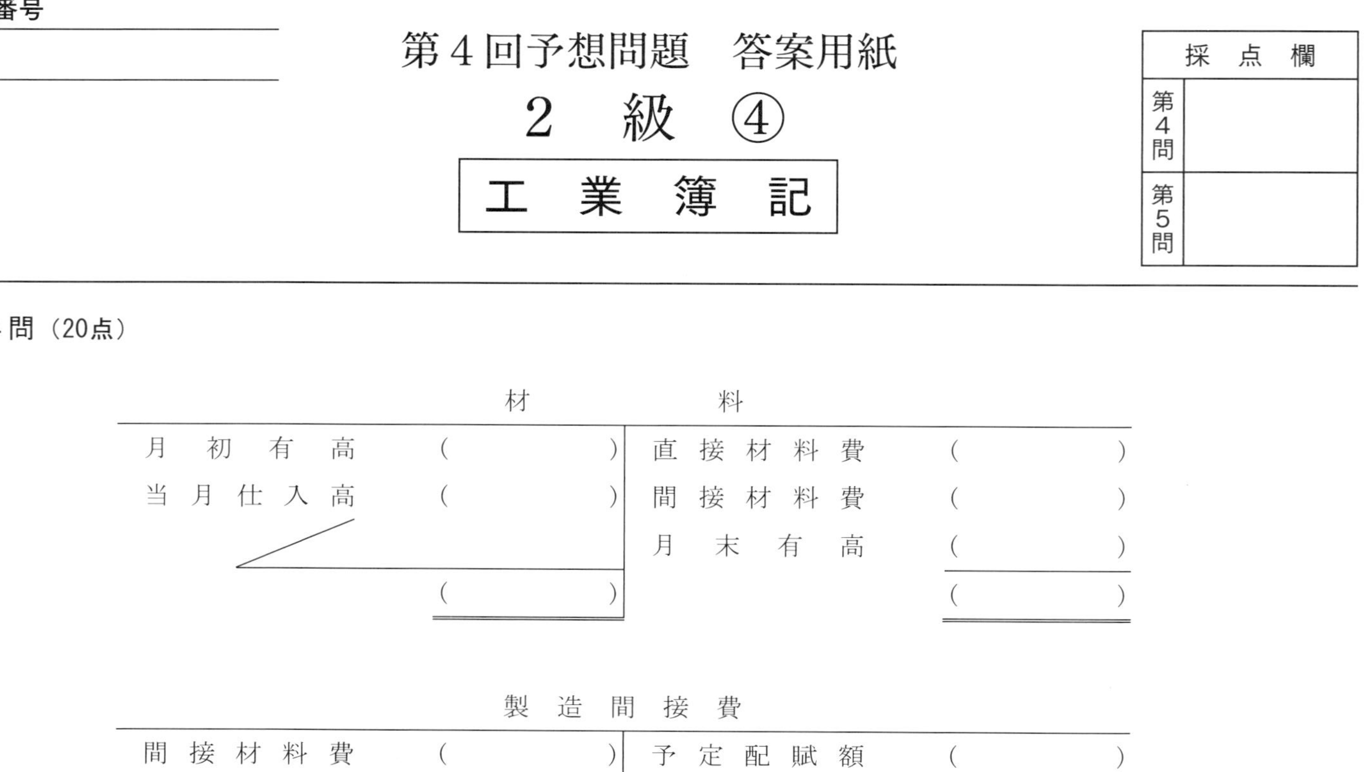

材　料

月初有高	(　　　)	直接材料費	(　　　)
当月仕入高	(　　　)	間接材料費	(　　　)
		月末有高	(　　　)
	(　　　)		(　　　)

製造間接費

間接材料費	(　　　)	予定配賦額	(　　　)
間接労務費	490,000	配賦差異	(　　　)
間接経費	750,000		
	(　　　)		(　　　)

第152回簿記検定試験　問題

第１問（20点）

下記の各取引について仕訳しなさい。ただし、勘定科目は、次の中から最も適当と思われるものを選び、正確に記入すること。

現金	当座預金	売掛金	売買目的有価証券
営業外受取手形	備品	満期保有目的債券	買掛金
営業外支払手形	商品保証引当金	売上割戻引当金	返品調整引当金
資本金	資本準備金	その他資本剰余金	繰越利益剰余金
売上	商品保証引当金戻入	売上割戻引当金戻入	返品調整引当金戻入
有価証券利息	有価証券売却益	仕入	商品保証引当金繰入
売上割戻引当金繰入	返品調整引当金繰入	支払利息	有価証券売却損
創立費	開業費	株式交付費	為替差損益

1．×年12月1日、売買目的で保有している額面総額￥1,000,000の社債（利率年0.365%、利払日は3月末と9月末の年2回）を額面￥100につき￥98.90の価額（裸相場）で売却し、売却代金は売買日までの端数利息とともに現金で受け取った。なお、この社債は×年9月1日に額面￥100につき￥98.80の価額（裸相場）で買い入れたものであり、端数利息は1年を365日として日割で計算する。

2．×年4月1日、商品陳列棚を分割払いで購入し、代金として毎月末に支払期日が順次到来する額面￥150,000の約束手形10枚を振り出して交付した。なお、商品陳列棚の現金購入価額は￥1,440,000である。

第152回簿記検定試験　問題

第２問（20点）

下記の［**資料Ⅰ**］および［**資料Ⅱ**］にもとづいて、次の**各問**に答えなさい。

問１　答案用紙の当座預金勘定調整表を完成させなさい。

問２　［**資料Ⅰ**］の(2)(3)(4)、および、［**資料Ⅱ**］の(1)(2)(4)に関する決算に必要な整理仕訳を、答案用紙の該当欄に示しなさい。ただし、勘定科目は、次の中から最も適当と思われるものを選び、正確に記入すること。

現金	当座預金	普通預金	仮払金	受取手形
仮払法人税等	不渡手形	消耗品費	広告宣伝費	通信費
為替差損益	受取配当金	支払配当金	借入金	買掛金

［**資料Ⅰ**］

３月31日現在の現金勘定および当座預金勘定の内容と、３月中の当座預金出納帳の記入は次のとおりであった。

（単位：円）

	帳簿残高	銀行残高（または実査残高）
現金	1,575,650	1,703,650
当座預金	3,070,000	2,786,000

当座預金出納帳　（単位：円）

月	日	摘要	小切手No.	預入	引出	残高
3	1	前月繰越				1,500,000
	20	買掛金支払	1001		800,000	700,000
	25	売掛金振込入金		1,200,000		1,900,000
	28	広告宣伝費支払	1002		200,000	1,700,000
	30	消耗品費支払	1003		150,000	1,550,000

第3問（20点）改題

次に示した商品売買業を営む株式会社鹿児島商会の［**資料1**］から［**資料3**］にもとづいて、答案用紙の貸借対照表を完成させなさい。会計期間は20X8年4月1日より20X9年3月31日までの1年間である。本問では貸倒引当金、減価償却、およびその他有価証券の3項目に関してのみ税効果会計を適用する。法定実効税率は前期・当期とも25%であり、将来においても税率は変わらないと見込まれている。なお、繰延税金資産は全額回収可能性があるものとする。

［**資料1**］決算整理前残高試算表

決算整理前残高試算表　（単位：円）

借　方	勘定科目	貸　方
5,532,000	現金預金	
9,960,000	売掛金	
	貸倒引当金	12,000
8,400,000	繰越商品	
7,580,000	仮払消費税	
720,000	仮払法人税等	
15,000,000	建物	
	建物減価償却累計額	5,000,000
7,200,000	備品	

［資料２］　決算にあたっての修正事項

1．期中に火災に遭ったが保険を付していたため、焼失した資産の帳簿価額（減価償却費計上済）を火災未決算勘定に振り替える処理を行っていた。決算の直前に保険会社から20×9年４月末日に保険金￥1,540,000が当社の普通預金口座に入金されることが決定したとの連絡が入った。

2．売掛金￥740,000が決算日に回収され当社の当座預金口座に入金されていたが、その連絡が届いていなかったので未処理である。

［資料３］　決算整理事項等

1．期末商品帳簿棚卸高は￥8,900,000である。甲商品には商品評価損￥170,000、乙商品には棚卸減耗損￥230,000が生じている。いずれも売上原価に算入する。

2．売上債権の期末残高につき、「1,000分の10」を差額補充法により貸倒引当金として設定する。なお、当該引当金に係る税効果は生じていない。

3．建物、備品とも残存価額ゼロ、定額法にて減価償却を行う。建物の耐用年数は30年、備品の耐用年数は６年である。ただし、備品は当期首に購入したものであり、税務上の法定耐用年数が８年であることから、減価償却費損金算入限度超過額に係る税効果会計を適用する。

4．消費税の処理（税抜方式）を行う。

5．長期貸付金は、20×8年10月１日に期間５年、年利率４％、利払日は毎年３月31日と９月30日の年２回の条件で他社に貸し付けたものである。貸付額につき15％の貸倒引当金を計上する。ただし、これに対する

第４問（20点）

Ｘ社は実際個別原価計算を採用し、製造間接費の計算は部門別計算を行っている。製造部門費の配賦基準は直接作業時間である。次の［**資料**］にもとづいて、下記の**問**に答えなさい。

［**資料**］

(1)　補助部門費の配賦に関する月次予算データ

配賦基準	合計	組立部門	切削部門	修繕部門	工場事務部門	材料倉庫部門
従業員数	120人	50人	50人	5人	10人	5人
修繕時間	150時間	75時間	50時間	—	12時間	13時間
材料運搬回数	200回	120回	60回	20回	—	—

(2)　月次直接作業時間データ

	組立部門	切削部門
予定直接作業時間	8,000時間	6,000時間
実際直接作業時間	7,800時間	5,900時間

問１　直接配賦法によって、答案用紙の月次予算部門別配賦表を完成しなさい。なお、［**資料**］から適切なデータのみ選んで使用すること。

問２　問１の月次予算部門別配賦表にもとづいて、組立部門費と切削部門費の予定配賦額と実際配賦額の当月の

第５問（20点）

株式会社ガトーニッショウでは、２種類の洋菓子（製品Ｘと製品Ｙ）を製造している。原価計算方式としては標準原価計算を採用している。加工費の配賦基準は直接作業時間であり、予算直接作業時間を基準操業度としている。現在、2019年５月の予算と実績に関するデータを入手し、実績検討会議に向けた報告書を作成している。次の［**資料**］にもとづいて、下記の**問**に答えなさい。

［資料］

１．原価標準（製品１個当たりの標準原価）

(1)製品Ｘ

原料費	6円／g	×100g	600 円
加工費	1,500円／時間	×0.4時間	600 円
		合計	1,200 円

(2)製品Ｙ

原料費	8円／g	×150g	1,200 円
加工費	1,500円／時間	×0.6時間	900 円
		合計	2,100 円

２．2019年５月予算

	製品Ｘ	製品Ｙ
[illegible]	[illegible]	[illegible]

受験番号

氏名

総　合　点

第152回簿記検定試験答案用紙

2　級　①

商　業　簿　記

採　点　欄	
第1問	

第1問（20点）

	仕		訳	
	借　方　科　目	金　　額	貸　方　科　目	金　　額
1				
2				

受験番号

氏名

第152回簿記検定試験答案用紙
2 級 ②
商 業 簿 記

採 点 欄	
第2問	

第２問（20点）

問１

当座預金勘定調整表
（3月31日現在）

（単位：円）

当座預金帳簿残高			(　　　)
（加算）	[　　]	(　　　)	
	[　　]	(　　　)	(　　　)
（減算）	[　　]	(　　　)	
	[　　]	(　　　)	
	[　　]	(　　　)	(　　　)
当座預金銀行残高			(　　　)

注　[　　]には【資料Ⅰ】の番号(1)から(4)、(　　)には金額を記入すること

受験番号

氏名

第152回簿記検定試験答案用紙
2 級 ③
商 業 簿 記

採 点 欄	
第3問	

第３問（20点）

貸 借 対 照 表

株式会社鹿児島商会　　20×9年3月31日　　（単位：円）

資 産 の 部

Ⅰ 流 動 資 産		
現 金 及 び 預 金		(　　)
売 掛 金	(　　)	
貸 倒 引 当 金	(　　)	(　　)
(　　)		(　　)
未 収 入 金		(　　)
流 動 資 産 合 計		(　　)
Ⅱ 固 定 資 産		
建 物	15,000,000	
減 価 償 却 累 計 額	(　　)	(　　)
備 品	7,200,000	
減 価 償 却 累 計 額	(　　)	(　　)

受験番号

氏名

第152回簿記検定試験答案用紙
2 級 ④
工 業 簿 記

採 点 欄	
第4問	
第5問	

第１問（20点）

問１

月次予算部門別配賦表

（単位：円）

費 目	合 計	製造部門		補助部門		
		組立部門	切削部門	修繕部門	工場事務部門	材料倉庫部門
部門費	4,320,000	1,310,000	1,220,000	450,000	440,000	900,000
修繕部門費						
工場事務部門費						
材料倉庫部門費						
製造部門費						

問２

借方科目	金 額	貸方科目	金 額

第153回簿記検定試験　問題

2級① 商業簿記

第１問（20点）

下記の各取引について仕訳しなさい。ただし、勘定科目は、次の中から最も適当と思われるものを選び、正確に記入すること。

現金	仕入	固定資産圧縮損	貸倒引当金
売掛金	未払配当金	電子記録債務	給料
減価償却費	支払手形	当座預金	機械装置
クレジット売掛金	備品	買掛金	利益準備金
消耗品費	国庫補助金受贈益	別途積立金	研究開発費
貸倒損失	繰越利益剰余金	売上	備品減価償却累計額
普通預金	電子記録債権	資本金	受取手形

1．特定の研究開発の目的で備品￥500,000 と実験用の薬剤￥70,000 を購入し、代金は小切手を振り出して支払うとともに、この研究プロジェクトにのみ従事している客員研究員Ａ氏に対する今月分の業務委託費￥300,000 を当社の普通預金口座からＡ氏の指定する預金口座に振り込んだ。

2．得意先東西商事株式会社が倒産し、同社に対する売掛金￥600,000 が回収不能となった。同社に対する売掛金のうち、￥400,000 は前期の販売から生じたものであり、残額は当期の販売から生じたものである。なお、貸倒引当金の残高は￥320,000 であり、設定金額は適切と認められる。

第２問（20点）

下記(1)～(4)の文章の空欄のうち①～⑩に入る語句あるいは数値を答えなさい。ただし、語句については、次の［語群］の中から最も適当なものを選び、記号で答えなさい。

［語群］

ア．出荷	イ．損金	ウ．取得原価
エ．売買目的有価証券	オ．租税公課	カ．関係会社株式
キ．特別損失	ク．無形固定資産	ケ．税込
コ．のれん	サ．子会社株式及び関連会社株式	シ．投資その他の資産
ス．事業税	セ．定額	ソ．仮払消費税
タ．仮受消費税	チ．流動資産	ツ．償却原価
テ．益金	ト．引渡	ナ．平均
ニ．定率	ヌ．販売費及び一般管理費	ネ．検収
ノ．営業外収益	ハ．満期保有目的の債券	ヒ．特別利益
フ．時価	ヘ．負ののれん発生益	ホ．固定資産税
マ．振替	ミ．利子込み	ム．有形固定資産

(1)　企業の所得に課税される税金には、法人税、住民税のほかに（　　）がある。課税所得は１年間に得られた（ ① ）

第153回簿記検定試験　問題

第３問（20点）

次の［資料］にもとづいて、**連結第4年度（x3年４月１日からx4年３月31日まで）**の連結精算表（連結貸借対照表と連結損益計算書の部分）を作成しなさい。

［資料］

1．Ｐ社は親会社であり、子会社であるＳ社の概要は、次のとおりであった。

(1)　Ｐ社は、x0年４月１日にＳ社の発行済株式総数（5,000株）の80％を270,000千円で取得して支配を獲得し、それ以降Ｐ社はＳ社を連結子会社として連結財務諸表を作成している。x0年４月１日のＳ社の純資産の部は、次のとおりであった。

資　本　金　150,000千円
資本剰余金　37,500千円
利益剰余金　90,000千円

Ｓ社は支配獲得後に配当を行っておらず、また、のれんは20年にわたり定額法で償却を行っている。

(2)　Ｓ社は機器の製造業であるが、独自に調達した材料にＰ社から仕入れた部品Ａを加えて、Ｐ社の販売する機器の付属機器Ｂも製造している。Ｐ社は部品Ａの販売時にその調達価格の10％を加えたものでＳ社に販売している。Ｓ社は、付属機器Ｂを製造原価に30％の利益を加えた価格でＰ社に販売し、それ以外に外部の第三者にも付属機器Ｂとその他の機器を直接に販売している。

2．Ｐ社は連結第４年度中に土地（帳簿価額51,500千円）を、Ｓ社に対して60,000千円で売却した。

４．連結第３年度末と連結第４年度末にＰ社の個別財務諸表に計上されている「製品及び商品」のうちＳ社から仕入れた製品（付属機器Ｂ）は、それぞれ65,000千円と78,000千円であった。また、連結第３年度末と連結第４年度末にＳ社の個別財務諸表に計上されている原材料には、Ｐ社から仕入れた部品Ａが、それぞれ16,500千円と13,200千円含まれていた。なお、連結第３年度末と連結第４年度末において、Ｓ社の「製品及び商品」には付属機器Ｂの在庫はなく、仕掛品には部品Ａは含まれていない。

５．Ｓ社の付属機器Ｂの製造原価の構成は、次のとおりであった。

	連結第３年度	連結第４年度
部　品　Ａ	33%	33%
その他の材料費	35%	34%
加　工　費	32%	33%

第４問（20点）

X社は本社会計から工場会計を独立させている。材料と製品の倉庫は工場に置き、材料購入を含めて支払い関係は本社が行っている。なお、11月１日の工場元帳の諸勘定の残高は次のとおりであった。

残高試算表　（単位：円）

借方科目	金額	貸方科目	金額
材料	700,000	賃金・給料	500,000
仕掛品	1,800,000	本社	2,500,000
製造間接費	0		
製品	500,000		
	3,000,000		3,000,000

下記の(1)から(5)はX社の11月の取引の一部である。これらについて、工場および本社で行われる仕訳を示しなさい。勘定科目は次の中から最も適当と思われるものを選び、正確に記入することとし、工場で使用する勘定科目は上記の残高試算表に示されているものに限る。

現金	材料	賃金・給料	製造間接費
仕掛品	製品	売上原価	本社
工場	買掛金	当座預金	機械減価償却累計額

第５問（20点）

飲料メーカーであるニッショウビバレッジは、清涼飲料ＡとＢという２種類の製品を製造・販売している。原価計算方法としては、組別総合原価計算を採用している。直接材料費は各製品に直課し、加工費は機械稼働時間にもとづいて各製品に実際配賦している。製品の払出単価の計算は先入先出法とする。次の［**資料**］にもとづいて、答案用紙の組別総合原価計算表と月次損益計算書（一部）を完成しなさい。

［資料］

１．月初・月末在庫量

		Ａ 製 品	Ｂ 製 品
月初在庫量	仕 掛 品	0本	0本
	製 品	5,000本	2,000本
月末在庫量	仕 掛 品	0本	2,000本（30%）
	製 品	3,000本	3,000本

（注）（　　）内は加工費進捗度を示す。直接材料は工程の始点で投入している。

２．当月の生産・販売データ

完 成 品	Ａ製品	52,000本	Ｂ製品	29,000本

受験番号

氏名

総　合　点

第153回簿記検定試験答案用紙

2　級　①

商　業　簿　記

採　点　欄	
第1問	

第１問（20点）

	仕		訳	
	借　方　科　目	金　　額	貸　方　科　目	金　　額
1				

受験番号

氏名

第153回簿記検定試験答案用紙

2　級　②

商　業　簿　記

採　点　欄	
第2問	

第２問（20点）

①	②	③	④	⑤

⑥	⑦	⑧	⑨	⑩
				千円

受験番号

氏名

第153回簿記検定試験答案用紙

2 級 ③

商 業 簿 記

採 点 欄	
第3問	

第３問（20点）

（単位：千円）

科目	個別財務諸表		修正・消去		連結財務諸表
	P 社	S 社	借 方	貸 方	
貸借対照表					
現金預金	420,000	37,000			
売掛金	650,000	282,000			
製品及び商品	445,000	236,000			
原材料		18,000			
仕掛品		35,000			
未収入金	69,000	36,000			
前払費用	14,000				
土地	250,000	80,000			
建物	180,000	40,000			
建物減価償却累計額	△ 24,000	△ 8,000			
機械装置	36,000	24,000			
機械装置減価償却累計額	△ 12,000	△ 4,000			
（ ）					
子会社株式	270,000				
資産合計	2,298,000	776,000			

受験番号

氏名

第153回簿記検定試験答案用紙

2 級 ④

工 業 簿 記

採 点 欄	
第4問	
第5問	

第４問（20点）

	工場の仕訳			
	借方科目	金額	貸方科目	金額
(1)				
(2)				
(3)				
(4)				
(5)				

	本社の仕訳			
	借方科目	金額	貸方科目	金額
(1)				
(2)				

第154回簿記検定試験　問題

第１問（20点）

下記の各取引について仕訳しなさい。ただし、勘定科目は、次の中から最も適当と思われるものを選び、正確に記入すること。

貯蔵品	建設仮勘定	返品調整引当金戻入	未払法人税
当座預金	売上	ソフトウェア	のれん
退職給付費用	ソフトウェア仮勘定	建物	機械装置
リース債務	預り金	租税公課	現金
未払金	普通預金	仕入	減価償却費
固定資産圧縮損	リース資産	売掛金	退職金
返品調整引当金	退職給付引当金	買掛金	リース資産減価償却累計額
仮払消費税	固定資産除却損	為替差損益	給料手当
仮受消費税	返品調整引当金繰入	受取手形	固定資産受贈益

1．x1年４月１日から、ファイナンス・リース取引に該当する事務機器のリース契約（期間５年間、月額リース料￥60,000を毎月末支払い）を結び、利子込み法により会計処理してきたが、x4年３月31日でこのリース契約を解約してx4年４月以後の未払リース料の残額全額を普通預金から支払い、同時にこのリース物件（x4年３月31日までの減価償却費は計上済）を貸手に無償で返却し除却の処理を行った。

第２問（20点）

日商商事株式会社(会計期間は１年、決算日は３月31日)の2019年４月における商品売買および関連取引に関する次の[**資料**]にもとづいて、下記の[**設問**]に答えなさい。なお、払出単価の計算には先入先出法を用い、商品売買取引の記帳には「販売のつど売上原価勘定に振り替える方法」を用いている。また、月次決算を行い、月末には英米式決算法によって総勘定元帳を締め切っている。

[**資料**] 2019年４月における商品売買および関連取引

４月１日　商品の期首棚卸高は、数量 500 個、原価＠￥3,000、総額￥1,500,000である。

４日　商品 200 個を＠￥3,100で仕入れ、代金のうち￥150,000は以前に支払っていた手付金を充当し、残額は掛けとした。

５日　４日に仕入れた商品のうち50個を仕入先に返品し、掛代金の減額を受けた。

８日　商品450個を＠￥6,000で販売し、代金は掛けとした。なお、この掛けの代金には、１週間以内に支払えば、代金の0.1%を割り引くという条件が付されている。

10日　商品200個を＠￥3,200で仕入れ、代金は手許にある他人振出の約束手形を裏書譲渡して支払った。

12日　８日の掛けの代金が決済され、所定の割引額を控除した金額が当座預金口座に振り込まれた。

15日　商品300個を＠￥3,300で仕入れ、代金は掛けとした。

18日　商品420個を＠￥6,300で販売し、代金は掛けとした。また、当社負担の発送運賃￥8,000は小切手を振り出して支払った。

22日　売掛金￥800,000の決済として、電子債権記録機関から取引銀行を通じて債権の発生記録の通知を受

第154回簿記検定試験　問題

第３問（20点）

次の［資料Ⅰ］、［資料Ⅱ］および［資料Ⅲ］にもとづいて、答案用紙の損益計算書を完成しなさい。なお、会計期間は2018年４月１日から2019年３月31日までの１年間である。

［資料Ⅰ］決算整理前残高試算表

決算整理前残高試算表

2019年３月31日　　（単位：円）

借方	勘定科目	貸方
255,000	現金	
428,700	当座預金	
360,000	受取手形	
550,000	売掛金	
	貸倒引当金	6,000
220,000	繰越商品	
18,000	仮払法人税等	
600,000	未決算	
3,000,000	建物	
900,000	備品	

［資料Ⅱ］未処理事項

1．売掛金￥10,000が回収不能であると判明したので、貸倒れとして処理する。なお、このうち￥4,000は前期の商品販売取引から生じたものであり、残りの￥6,000は当期の商品販売取引から生じたものである。

2．未決算は火災保険金の請求にかかわるものであるが、保険会社より火災保険金￥500,000の支払いが決定した旨の通知があったので、適切な処理を行う。なお、決算整理前残高試算表に示されている減価償却費￥25,000は、期中に火災により焼失した建物の減価償却費を月割で計上したものである。

3．土地の一部（帳簿価額￥500,000）を売却し、売却代金￥550,000は当座預金としていたが、この取引は未記帳である。

［資料Ⅲ］決算整理事項

1．売上債権の期末残高に対して２％の貸倒れを見積もる。貸倒引当金は差額補充法によって設定する。

2．商品の期末棚卸高は次のとおりである。棚卸減耗損と商品評価損は売上原価の内訳科目として処理する。

帳簿棚卸高：数量　850個、帳 簿 価 額 @ ￥400

実地棚卸高：数量　844個、正味売却価額 @ ￥395

3．有形固定資産の減価償却は次の要領で行う。

建物：建物は当期の８月１日に取得したものであり、耐用年数は40年、残存価額はゼロとして、定額法により月割で減価償却を行う。

備品：備品は数年前に取得したものであり、耐用年数10年、残存価額はゼロとして、200%定率法により減価償

第４問（20点）

ニッショウ製作所の新潟工場では、当月から高級家具の受注生産を行っており、製品原価の計算には実際個別原価計算を採用している。次の[資料]にもとづいて、下記の問に答えなさい。

[資料]

1．当月の直接材料購入量・在庫量

月初在庫量　350 kg（実際購入単価　1,300円/kg）

当月購入量　1,300 kg（実際購入単価　1,240円/kg）

月末在庫量　300 kg（棚卸減耗等はなかった）

2．当月の原価計算表

製造指図書番号	#0201	#0201-1	#0202	合　計
直接材料費	660,000 円	120,000 円	840,000 円	1,620,000 円
直接労務費	340,000 円	80,000 円	400,000 円	820,000 円
製造間接費	544,000 円	128,000 円	640,000 円	1,312,000 円

(注)直接材料費は予定消費単価、製造間接費は予定配賦率を使用して計算している。

3．製造間接費月間予算(固定予算) 1,360,000 円

4．当月の生産状況

（1）製造指図書#0201および#0202は当月製造に着手し、当月末までに#0201は完成し、#0202は未完成であった。

第５問（20点）

問１　当社は製品Ｘを生産・販売し、実際総合原価計算を採用している。次の**[資料]**にもとづいて、答案用紙の総合原価計算表の（　）内に適切な金額を記入しなさい。なお、原価投入額合計を完成品総合原価と月末仕掛品原価に配分する方法として先入先出法を用いること。

[資料]

［生産データ］

月初仕掛品量	4,000 kg	(50%)
当月投入量	59,000	
合計	63,000 kg	
差引：正常仕損量	1,000	
月末仕掛品量	2,000	(50%)
完成品量	60,000 kg	

［原価データ］

月初仕掛品原価	
A原料費	480,000 円
加工費	220,000
小計	700,000 円
当月製造費用	
A原料費	7,080,000 円
B原料費	660,000
加工費	9,600,000
小計	17,340,000 円
合計	18,040,000 円

（注）（　）内は加工費の進捗度である。A原料は工程の始点で投入している。B原料は工程の60%の点で

受験番号

氏名

総　合　点

第154回簿記検定試験答案用紙

2　級　①

商　業　簿　記

採　点　欄	
第1問	

第１問（20点）

	仕		訳	
	借　方　科　目	金　　額	貸　方　科　目	金　　額
1				

受験番号

氏名

第154回簿記検定試験答案用紙
2 級 ②
商 業 簿 記

採 点 欄	
第2問	

第２問（20点）

問１

売 掛 金

月	日	摘 要	借 方	月	日	摘 要	貸 方
4	1	前 期 繰 越	1,700,000	4	12		
	8				22		
	18				30	次 月 繰 越	

商 品

月	日	摘 要	借 方	月	日	摘 要	貸 方

受験番号

氏名

第154回簿記検定試験答案用紙

2 級 ③

商 業 簿 記

採点欄	
第3問	

第３問（20点）

損 益 計 算 書

自2018年４月１日 至2019年３月31日 （単位：円）

Ⅰ	売上高		7,249,000
Ⅱ	売上原価		
	1 商品期首棚卸高	（ ）	
	2 当期商品仕入高	（ ）	
	合計	（ ）	
	3 商品期末棚卸高	（ ）	
	差引	（ ）	
	4 （ ）	（ ）	
	5 商品評価損	（ ）	（ ）
	（ ）		（ ）
Ⅲ	販売費及び一般管理費		
	1 給料	720,000	

受験番号

氏名

第154回簿記検定試験答案用紙

2 級 ④

工 業 簿 記

採 点 欄	
第4問	
第5問	

第４問（20点）

問１

	仕		訳	
	借 方 科 目	金 額	貸 方 科 目	金 額
（1）				
（2）				
（3）				

問２

完成品原価 ＝ ＿＿＿＿ 円

問３

３．定時株主総会を開催し、繰越利益剰余金￥5,500,000の処分を次のとおり決定した。なお、資本金は￥90,000,000、資本準備金は￥10,000,000、利益準備金は￥4,500,000であり、発行済株式数は3,000株である。

株主配当金：１株につき￥500　　利益準備金：会社法が定める金額　　別途積立金：￥700,000

４．建物の修繕工事を行い、代金￥800,000は現金で支払った。なお、工事代金の30%は改良のための支出と判断された。また、この修繕工事に備えて、前期に￥500,000の引当金を設定している。

５．前期に保証書を付して販売した商品について、顧客より無料修理の申し出があったので、修理業者に修理を依頼し、代金￥120,000は普通預金口座から支払った。なお、前期の決算で計上した商品保証引当金の残高は￥80,000である。

（２）　のれん勘定の記帳を行い、締め切りなさい。なお、前期繰越は、x2年４月１日に他社を買収した際に生じたのれんの未償却残高である。東海商事株式会社は、のれんを取得時から20年間にわたり定額法で償却している。

問２　東日本株式会社は、名古屋物産株式会社の発行済株式総数40,000株のうち28,000株を１株あたり￥1,550で当期首（x5年４月１日）に小切手を振り出して取得し子会社化した。そのときの名古屋物産株式会社の純資産は、資本金￥40,000,000、資本準備金￥12,000,000および繰越利益剰余金￥8,000,000であり、かつ資産・負債とも時価と帳簿価額は一致していた。

（１）　名古屋物産株式会社の株式取得時の仕訳をしなさい。

（２）　名古屋物産株式会社を子会社化したことによる、x6年３月期の連結修正仕訳を答えなさい。なお、東日本株式会社は、のれんを取得時から20年間にわたり、定額法で償却している。

　また、名古屋物産株式会社の当期純利益は￥4,000,000であり、剰余金の配当を行っていない。さらに、東日本株式会社は、当期に土地（帳簿価額￥15,000,000）を、名古屋物産株式会社に￥18,000,000で売却している。

①　投資と資本の相殺消去

②　のれんの償却

③　非支配株主に帰属する当期純損益の振替

④　土地に含まれる未実現損益の消去

	車両運搬具減価償却累計額	870,000
7,500,000	土地	
850,000	その他有価証券	
	買掛金	1,850,000
	長期借入金	6,000,000
	退職給付引当金	520,000
	資本金	10,500,000
	繰越利益剰余金	1,250,550
	売上	26,500,000
	固定資産売却益	840,000
16,750,000	仕入	
7,200,000	給料	
635,000	修繕費	
300,000	保険料	
124,000	支払手数料	
122,000	支払利息	
320,000	投資有価証券売却損	
52,391,000		52,391,000

車両運搬具	生産高比例法	ゼロ		当期の走行距離　12,000km

4．売買目的有価証券の期末における時価は￥580,000、その他有価証券の期末における時価は￥960,000であった。

5．従業員に対する退職給付債務を見積もった結果、期末に引当金として計上すべき残高は￥650,000と見積もられた。

6．借入金￥6,000,000に対する利息（利率年1.8%、月割計算）4か月分を当年度の3月1日に支払い、その全額を前払費用に計上している。

7．保険料はかねてより毎年同額を7月1日に向こう1年分をまとめて支払っており、保険料の前払額を月割計算で計上する。

8．税引前当期純利益の30%を法人税、住民税および事業税として計上する。なお、仮払法人税等は中間納付にかかわるものである。

当年度の直接原価計算方式の損益計算書は次のとおりである。下記の問に答えなさい。

損益計算書（直接原価計算方式）　（単位：万円）

売上高	@2.0万円×2,000個	4,000
変動売上原価	@1.1万円×2,000個	2,200
変動製造マージン		1,800
変動販売費	@0.1万円×2,000個	200
貢献利益		1,600
製造固定費		750
固定販売費及び一般管理費		150
営業利益		700

問１　損益分岐点における販売数量を計算しなさい。

問２　目標営業利益800万円を達成するための売上高を計算しなさい。

問３　売上高が4,000万円のときの安全余裕率を計算しなさい。

問４　損益分岐点売上高を250万円引き下げるための固定費の金額を計算しなさい。

問５　売上高が400万円増加する場合、営業利益はいくら増加するか計算しなさい。

3				
4				
5				

問２

		借方科目	金額	貸方科目	金額
（1）					
（2）	①				
	②				
	③				
	④				

	3 修繕費	(　　)	
	4 貸倒引当金繰入	(　　)	
	5 減価償却費	(　　)	
	6 支払手数料	(　　)	
	7 退職給付費用	(　　)	(　　)
	営業利益		(　　)
Ⅳ	営業外収益		
	1 有価証券評価益		(　　)
Ⅴ	営業外費用		
	1 支払利息		(　　)
	経常利益		(　　)
Ⅵ	特別利益		
	1 固定資産売却益		(　　)
Ⅶ	特別損失		
	1 投資有価証券売却損		(　　)
	税引前当期純利益		(　　)
	法人税、住民税及び事業税		(　　)
	当期純利益		(　　)

第５問（20点）

社の決算日は３月 31 日（１年決算）であり、また、このリース取引はファイナンス・リース取引（利子抜き法）で会計処理を行う。

3．旅行業を営む東海トラベルは、ツアーを催行し、宿泊費、交通費など、￥500,000 につき普通預金口座を通じて支払った。なお、ツアー代金合計￥800,000 は事前に現金で受け取っている。

4．横須賀商事は、商品 500 個（原価＠￥600、売価＠￥750）を売り上げ、代金は掛けとした。なお、横須賀商事は商品売買に関して、商品を仕入れたとき商品勘定に記入し、販売したそのつど売上原価を売上原価勘定に振り替える方法で記帳している。

5．当期首に、建物（取得原価￥8,000,000、減価償却累計額￥5,600,000、間接法で記帳）が火災により全焼した。この建物には総額￥2,000,000 の火災保険を掛けていたので、保険会社に保険金の支払いを請求した。

285,000	の れ ん	
1,475,000	満期保有目的債券	
	支払手形	840,000
	買掛金	1,305,000
	仮受消費税	785,000
	賞与引当金	300,000
	長期借入金	1,800,000
	資本金	7,500,000
	資本準備金	700,000
	利益準備金	500,000
	繰越利益剰余金	490,950
	売上	7,850,000
	有価証券利息	30,000
5,200,000	仕入	
1,052,450	給料	
300,000	賞与引当金繰入	
7,500	支払利息	
112,500	手形売却損	
24,281,950		24,281,950

4．消費税の処理（税抜方式）を行う。

5．満期保有目的債券は、前期の４月１日に他社が発行した社債（額面総額￥1,500,000、利率年2%、利払日は年１回（３月末）、償還期間は６年）を発行と同時に取得したものである。額面総額と取得価額の差額はすべて金利の調整と認められるので、償却原価法（定額法）により処理する。

6．のれんは前期の10月１日に他企業を買収した際に生じたものであり、10年間にわたって毎期均等額を月割償却している。

7．買掛金の中に、ドル建買掛金￥216,000（2,000ドル、仕入時の為替相場１ドル￥108）が含まれており、決算時の為替相場は、１ドル￥113であった。

8．賞与引当金は、年２回の賞与の支給に備えて×2年10月から×3年２月まで、毎月￥60,000を計上してきたが、期末に支給見積額が￥450,000となったので追加計上を行う。

9．長期借入金は、当期の１月１日に借入期間４年、利率年３%、利払いは年１回（12月末）の条件で借り入れたものである。決算にあたって、借入利息の未払分を月割計算で計上する。

10．法人税、住民税および事業税について、税引前当期純利益の30%を計上する。なお、仮払法人税等￥30,000は中間納付にかかわるものである。

５．製造間接費予算（公式法変動予算）

変　動　費　300円/時間　　年間固定費　4,320,000円　　年間予定機械稼働時間　10,800時間

６．当月の製造間接費実際発生額　675,000円

[一連の取引]

１．各製造指図書について当月分の直接材料費を計上する。

２．各製造指図書に対して当月分の製造間接費を予定配賦する。なお、製造間接費の配賦基準は機械稼働時間である。

３．製造指図書＃101および＃201が完成したので原価を計上する。なお、＃201には、188,000円の月初仕掛品原価が計上されていた。

４．直接材料費の消費価格差異を計上する。実際消費額は先入先出法にもとづいて計算する。なお、棚卸減耗等はなかった。

５．製造間接費の予定配賦額と実際発生額の差額を予算差異勘定と操業度差異勘定に振り替える。

月初仕掛品	150,000円	70,000円
当月製造費用	4,400,000円	6,720,000円
計	4,550,000円	6,790,000円

4．製品1個あたりの重量

A製品　1.3kg

B製品　2.5kg

C製品　3.0kg

5．その他資料

（1）製品原価の計算方法は、1か月の完成品総合原価を製品1個あたりの重量によって定められた等価係数に完成品量を乗じた積数の比で各等級製品に按分する方法を採用している。

（2）原価投入額合計を完成品総合原価と月末仕掛品原価に配分する方法には先入先出法を用いている。

（3）正常仕損は工程の終点で発生したので、正常仕損費はすべて完成品に負担させる。

（4）この仕損品の処分価額はゼロである。

3				
4				
5				

当期変動額合計	(　)	(　)	△(　)	(　)
当期末残高	(　)	(　)	(　)	(　)

(上段より続く)

	株主資本					評価・換算差額等		純資産合計
	利益剰余金				株主資本合計	その他有価証券評価差額金	評価・換算差額等合計	
	利益準備金	その他利益剰余金		利益剰余金合計				
		別途積立金	繰越利益剰余金					
当期首残高	750	200	1,250	2,200	30,400	50	50	30,450
当期変動額								
新株の発行					(　)			(　)
剰余金の配当	(　)		△(　)	△(　)	△(　)			△(　)
別途積立金の積立		(　)	△(　)	—	—			—
当期純利益			(　)	(　)	(　)			(　)
株主資本以外の項目の当期変動額(純額)						(　)	(　)	(　)
当期変動額合計	(　)	(　)	(　)	(　)	(　)	(　)	(　)	(　)
当期末残高	(　)	(　)	(　)	(　)	(　)	(　)	(　)	(　)

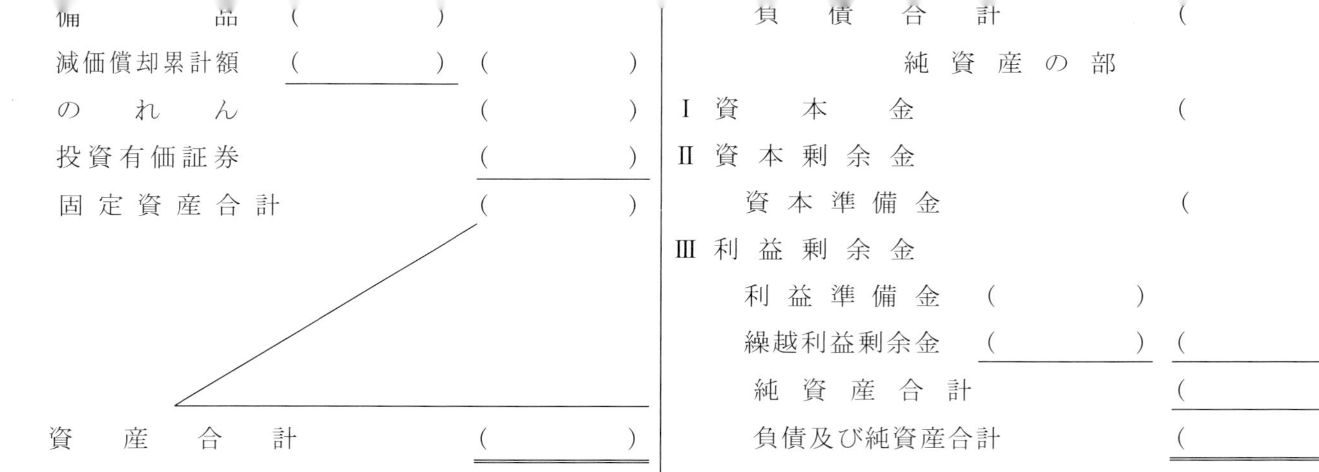

備　　品	(　　　)		負　債　合　計		(　　　)
減価償却累計額	(　　　)	(　　　)	純　資　産　の　部		
の　れ　ん		(　　　)	Ⅰ 資　本　金		(　　　)
投資有価証券		(　　　)	Ⅱ 資本剰余金		
固定資産合計		(　　　)	資本準備金		(　　　)
			Ⅲ 利益剰余金		
			利益準備金	(　　　)	
			繰越利益剰余金	(　　　)	(　　　)
			純資産合計		(　　　)
資　産　合　計		(　　　)	負債及び純資産合計		(　　　)

第５問（20点）

問１	月末仕掛品原価	円
問２	完成品総合原価	円
問３	完成品総合原価（A製品）	円
問４	完成品総合原価（B製品）	円
問５	完成品総合原価（C製品）	円

器の導入と同時に第１回のリース料につき、当座預金口座を通じて支払った。なお、このリース取引はファイナンス・リース取引で、利子込み法により処理すること。

4．新株 1,000 株（１株の払込金額は￥50,000）を発行して増資を行うことになり、払い込まれた 1,000 株分の申込証拠金は別段預金に預け入れていた。その後、株式の払込期日となったので、申込証拠金を資本金に充当し、別段預金を当座預金に預け替えた。なお、資本金には会社法が規定する最低額を組み入れることとする。

5．新潟商事株式会社を吸収合併し、新たに当社の株式 10,000 株（合併時点の時価@￥2,850）を発行し、これを新潟商事の株主に交付した。なお、新潟商事の諸資産の簿価は￥50,000,000、諸資産の時価は￥51,000,000、諸負債の簿価は￥20,000,000、諸負債の時価は￥21,000,000 であった。また、合併にあたっては、取得の対価のうち 60％を資本金、40％をその他資本剰余金として計上することとした。

		（取得価額：￥900,000　残存価額：ゼロ　耐用年数：５年　200%定率法） また、４月に受け取った国庫補助金に係る圧縮記帳を直接減額方式にて行った。
９月１日	備品購入	Ｃ備品を購入し、当座預金口座を通じて支払った。 （取得価額：￥300,000　残存価額：ゼロ　耐用年数：４年　200%定率法）
11月30日	備品の売却	Ａ備品を￥580,000で売却し、代金は現金で受け取った。
12月31日	備品の除却	Ｂ備品を除却した。なお、Ｂ備品の見積処分価額は￥150,000である。
３月31日	リース料の支払い	リース取引につき、年間のリース料を当座預金口座より振り込んだ。
〃	決算整理	決算に際して、固定資産の減価償却を行った。なお、期中に取得した備品および機械装置については月割計算にて減価償却を行うこと。

問１　×４年度（×４年４月１日～×５年３月31日）における備品の減価償却費の総額を答えなさい。

問２　×５年度（×５年４月１日～×６年３月31日）におけるＡ備品の売却損益の金額を答えなさい。

問３　×５年度（×５年４月１日～×６年３月31日）におけるＢ備品の除却損の金額を答えなさい。

問４　×５年度（×５年４月１日～×６年３月31日）における減価償却費の総額を答えなさい。

問５　総勘定元帳における機械装置勘定およびリース資産勘定への記入を行いなさい。

問６　上記機械装置に税効果会計を適用した場合に必要となる仕訳を示しなさい。なお、税法上の耐用年数は８年（償却率0.250）であり、法人税、住民税および事業税の実効税率は30%である。

売上高	2,700,000千円	仕入高(売上原価)	2,670,000千円
受取利息	12,500千円	支払利息	12,500千円

5．当年度末にＰ社が保有する商品のうちＳ社から仕入れた商品は450,000千円であり、Ｓ社がＰ社に対して販売する商品の売上総利益率は25％であった。また、Ｐ社の期首の商品残高にＳ社からの商品が380,000千円含まれている。なお、当期の未処理事項に関しては上記の金額に含まれていないため、適正に処理する。

6．Ｓ社は本年度よりＰ社への売掛金に対し１％の貸倒引当金を設定する。

7．Ｐ社は当年度中に土地（帳簿価額160,000千円）を、Ｓ社に対して195,000千円で売却した。Ｓ社は当期末現在において当該土地を保有している。

った。

問１　仕掛品勘定から製品勘定へ振り替える仕訳をしなさい。

問２　仕掛品勘定から原価差異勘定へ振り替える仕訳をしなさい。

問３　直接材料費差異はいくらか答えなさい。

問４　直接労務費差異はいくらか答えなさい。

問５　製造間接費差異はいくらか答えなさい。また、差異を予算差異、能率差異、操業度差異に分析しなさい。なお、能率差異は変動費のみで計算するものとする。

問６　仮に能率差異を変動費と固定費から計算する場合の能率差異を分析しなさい。

間　接　工　賃　金	40,000円	36,000円
工場従業員給料	63,000円	60,000円

4．製造経費の当期発生高は下記のとおりである。なお、製造経費のうち水道料のみが変動費である。

水道料 140,000円

賃借料 155,000円

減価償却費 210,000円

その他 135,000円

5．変動製造間接費は直接労務費の40％を予定配賦している。なお、配賦差異は変動売上原価に賦課する。

6．販売費・一般管理費は下記のとおりである。なお、一般管理費はすべて固定費である。

変動販売費 485,000円

固定販売費 315,000円

一般管理費 355,000円

3				
4				
5				

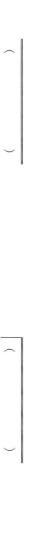

リース資産

4/1	(　　　)	(　　　)	3/31	(　　　)	(　　　)
			〃	(　　　)	(　　　)
		(　　　)			(　　　)

問6

借方科目	金額	貸方科目	金額

[illegible]	[illegible]	[illegible]			
借入金	555,000	1,495,000			
資本金	4,000,000	500,000			
利益剰余金	3,088,000	350,000			
非支配株主持分					
負債純資産合計	9,623,000	4,115,000			
<u>損益計算書</u>					
売上高	5,800,000	4,800,000			
売上原価	4,000,000	3,450,000			
販売費及び一般管理費	1,550,000	1,255,000			
貸倒引当金繰入	36,000	24,000			
のれん償却					
受取利息	35,000	33,000			
受取配当金	200,000	50,000			
支払利息	17,000	24,000			
土地売却益	35,000				
当期純利益	467,000	130,000			
非支配株主に帰属する当期純利益					
親会社株主に帰属する当期純利益					

（有利差異・不利差異）のいずれか囲みなさい。

問４

直接労務費差異	円　（有利差異　・　不利差異）

（有利差異・不利差異）のいずれか囲みなさい。

問５

製造間接費差異	円　（有利差異　・　不利差異）
予算差異	円　（有利差異　・　不利差異）
能率差異	円　（有利差異　・　不利差異）
操業度差異	円　（有利差異　・　不利差異）

（有利差異・不利差異）のいずれか囲みなさい。

問６

能率差異	円　（有利差異　・　不利差異）

（有利差異・不利差異）のいずれか囲みなさい。

Ⅱ 変動売上原価			
1 期首製品棚卸高		530,000	
2 当期製品製造原価		(　　　)	
合計		(　　　)	
3 期末製品棚卸高		(　　　)	
差引		(　　　)	
4 原価差異		(　　　)	(　　　)
変動製造マージン			(　　　)
Ⅲ 変動販売費			(　　　)
貢献利益			(　　　)
Ⅳ 固定費			
1 製造固定費		(　　　)	
2 固定販売費・一般管理費		(　　　)	(　　　)
営業利益			(　　　)

3．普通預金口座に、品川建設株式会社の株式に対する期末配当金￥120,000（源泉所得税20%を控除後）の入金があった旨の通知があった。

4．備品を甲府建設株式会社に売却した際、代金として同社振出しの約束手形￥750,000を受け取っていたが、支払期日を迎えたにもかかわらず、この手形が決済されていなかった。

5．×4年4月1日に購入した￥5,000,000の備品を、×9年度の期首に除却した。この備品については、耐用年数10年、残存価額0として、定額法で償却（間接法）をしてきた。この備品の除却時の処分価額は、￥1,800,000と見積もられた。当社の決算日は年1回、3月31日である。

問１　×1年度の財務諸表における各勘定の金額を答えなさい。

問２　×2年度の財務諸表における為替差損益勘定の金額を答えなさい。

問３　仮に、×2年２月１日に下記の取引を行っていた場合の×1年度の財務諸表における各勘定の金額を答えなさい。

×2年２月１日	×1年９月１日の500ドルについて、為替予約を付した。なお、為替予約にともなう差額はすべて当期の損益として処理している。

問４　×1年９月１日の500ドルに対し、取引発生日に為替予約を付した場合の×1年度の財務諸表における各勘定の金額を答えなさい。

問題２

当社がリース取引によって調達している備品の状況は、以下のとおりである。なお、当期の会計期間は×1年４月１日から×2年３月31日の１年である。

名称	リース開始日	リース期間	リース料支払日	年額リース料	見積現金購入価額
A備品	×1年４月１日	６年	毎年３月末日	16,000千円	90,000千円
B備品	×1年７月１日	５年	毎年６月末日	12,800千円	60,000千円
C備品	×2年２月１日	３年	毎年１月末日	12,000千円	33,900千円

このうちA備品、B備品にかかるリース取引は、ファイナンス・リース取引と判定された。これらの備品の減価償却は、リース期間を耐用年数とする定額法で行う。

問１　会計処理を利子込み法で行った場合の×１年度の帳簿上の各勘定の金額を答えなさい。

問２　会計処理を利子抜き法で行った場合の×１年度の帳簿上の各勘定の金額を答えなさい。

5．建物、備品とも残存価額ゼロ、定額法にて減価償却を行う。建物の耐用年数は30年、備品の耐用年数は８年である。なお、備品のうち¥300,000は当期の10月１日に購入したものであり、残存価額はゼロ、耐用年数は８年として定額法により月割で減価償却を行う。

6．売買目的有価証券の内訳は次のとおりである。

	帳簿価額	時価
A社株式	¥220,000	¥195,000
B社社債	¥300,000	¥320,000

なお、B社社債（額面総額¥360,000、利率年1.5%、利払日は12月末日の年１回）は、当期首に取得したものである。利息の計算は、月割計算によること。

7．満期保有目的債券は、当期の４月１日に他社が発行した社債（額面総額¥800,000、利率年２%、利払日は年１回（３月末）、償還期間は５年）を発行と同時に取得したものである。額面総額と取得価額の差額は金利の調整を表しているので、償却原価法（定額法）により処理する。

8．その他有価証券の当期末の時価は¥850,000である。なお、前期末に全部純資産直入法にもとづき時価評価した差額について、期首に洗替処理を行っていなかったため適正に処理すること。

9．保険料は、毎年同額を７月１日に１年分前払いしている。

第５問（20点）

当社はＡ製品を製造・販売し、製品原価の計算は単純総合原価計算により行っている。次の［**資料**］にもとづいて答案用紙の総合原価計算表を作成し、Ａ製品の売上原価を計算しなさい。ただし、原価投入額合計を完成品総合原価と月末仕掛品原価に配分する方法として先入先出法、製品の蔵出単価を計算する方法は平均法を用いること。

［資料］

１．当月の生産・販売データ

月初仕掛品量	500個	（0.4）	月初製品在庫量	400個
当月完成品量	3,000個		当 月 販 売 量	2,600個
月末仕掛品量	600個	（0.2）	月末製品在庫量	800個
正常仕損品量	400個			

２．当月の原価データ

月初仕掛品原価		当月製造費用	
Ｘ原料費	1,000,000円	Ｘ原料費	7,350,000円
Ｙ原料費	240,000円	Ｙ原料費	4,150,000円
Ｚ原料費	－　円	Ｚ原料費	1,240,000円
加 工 費	510,000円	加 工 費	8,798,000円
計	1,750,000円	計	21,538,000円
月初製品原価	2,640,000円		

（注）Ｘ原料は工程の始点、Ｙ原料は工程を通じて平均的、Ｚ原料は工程の終点に投入しており、（　　）内は加工費の進捗度である。なお、正常仕損は工程の終点で発生し、その処分価額は60,000円である。正常仕損費はすべて完成品に負担させる。

3				
4				
5				

為替差損益	¥　　　　　　　　(　　　　)

差益の場合は益、差損の場合は損とカッコ内に記入

問4

買　掛　金	¥
為替差損益	¥　　　　　　　　(　　　　)

差益の場合は益、差損の場合は損とカッコ内に記入

問題2

問1

リース資産（取得原価）	千円
支払利息	—
リース債務	千円
減価償却費	千円
支払リース料	千円

問2

リース資産（取得原価）	千円
支払利息	千円
リース債務	千円
減価償却費	千円
支払リース料	千円

[illegible]		[illegible]						
建物減価償却累計額		1,125,000						
備品減価償却累計額		500,000						
資　　本　　金		3,000,000						
繰越利益剰余金		849,450						
その他有価証券評価差額金	50,000							
売　　　　　上		2,300,000						
有 価 証 券 利 息		20,050						
受 取 配 当 金		55,000						
仕　　　　　入	1,280,000							
給　　　　　料	625,000							
保　　険　　料	18,000							
	8,375,000	8,375,000						
貸倒引当金(　　)								
棚 卸 減 耗 損								
商 品 評 価 損								
減 価 償 却 費								
有価証券評価(　)								
(　　)有価証券利息								
(　　)保 険 料								
当 期 純(　　)								

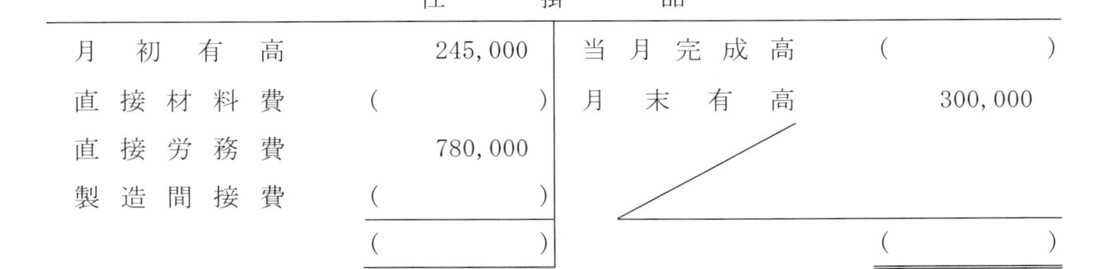

仕　掛　品

月初有高	245,000	当月完成高	(　　)
直接材料費	(　　)	月末有高	300,000
直接労務費	780,000		
製造間接費	(　　)		
	(　　)		(　　)

第５問（20点）

総合原価計算表

（単位：円）

	X 原 料	Y 原 料	Z 原 料	加 工 費	合 計
月初仕掛品	1,000,000	240,000	—	510,000	1,750,000
当月投入	7,350,000	4,150,000	1,240,000	8,798,000	21,538,000
合 計	8,350,000	4,390,000	1,240,000	9,308,000	23,288,000
月末仕掛品	(　　)	(　　)	(　　)	(　　)	(　　)
差 引	(　　)	(　　)	(　　)	(　　)	(　　)
仕損品評価額					(　　)
完成品原価					(　　)

売上原価 [　　　　] 円

3．×年3月31日、決算にあたり、前年度に販売した商品に付した品質保証期限が経過したため、この保証のために設定した引当金の残高￥36,000を取り崩すとともに、当期に品質保証付きで販売した商品の保証費用を当期の売上高￥18,500,000の1％と見積もり、洗替法により引当金を設定する。

4．×年8月1日、1か月前の7月1日の輸入取引によって生じた外貨建ての買掛金40,000ドル（決済日は×年9月30日）について、1ドル￥110で40,000ドルを購入する為替予約を取引銀行と契約し、振当処理を行うこととし、為替予約による円換算額との差額はすべて当期の損益として処理する。なお、輸入取引が行われた×年7月1日の為替相場（直物為替相場）は1ドル￥108であり、また本日（×年8月1日）の為替相場（直物為替相場）は1ドル￥109である。

5．(1)　会社の設立にあたり、発行可能株式総数10,000株のうち2,500株を1株当たり￥40,000で発行し、その全額について引受けと払込みを受け、払込金は当座預金とした。なお、会社法が認める最低限度額を資本金として計上する。

(2)　上記(1)の会社の設立準備のために発起人が立て替えていた諸費用￥300,000を現金で支払った。

当座預金取引について、次の事項が判明した。
(1)　小切手No. 1002とNo. 1003は３月31日までに銀行に呈示されていなかった。
(2)　受取手形の取立依頼分２通のうち、１通￥500,000は不渡りとなっており、入金処理が銀行で行われなかった。
(3)　３月31日に電話料金￥14,000の自動引落しが行われていた。
(4)　小切手入金の￥120,000は、実際には銀行に預け入れられていなかった。（**［資料Ⅱ］**の(3)参照）

［資料Ⅱ］

現金残高について、金庫の内容を実査したところ、次のものが入っていた。

金　庫　内　実　査　表　　（単位：円）

摘　　要	金　額
日本銀行券及び硬貨	525,650
米国ドル紙幣　100ドル札50枚、50ドル札90枚	950,000
出張旅費仮払い額の従業員からの受取書	100,000
小切手	120,000
12月決算会社の配当金領収証	8,000
合　　計	1,703,650

上記の内容について、以下の事実が判明している。
(1)　米国ドル紙幣は円貨による取得価額であり、３月31日の為替レートは、１ドル￥110であった。
(2)　旅費仮払い額は、出金の会計処理が行われておらず、また、３月31日時点で従業員が出張から戻っていないため、旅費精算も行われていない。
(3)　小切手￥120,000は、当座預金口座に入金の会計処理を行ったが、銀行への持参を失念したため、金庫の中にそのまま残っていた。
(4)　配当金領収証（源泉所得税20％控除後の金額である）については、会計処理が行われていない。

3,000,000	長期貸付金	
25,000	繰延税金資産	
	買掛金	7,736,000
	仮受消費税	9,100,000
	資本金	30,000,000
	繰越利益剰余金	5,192,000
75,000	その他有価証券評価差額金	
	売上	91,000,000
	受取利息及び受取配当金	300,000
67,500,000	仕入	
11,748,000	給料	
900,000	販売費	
300,000	減価償却費	
3,600,000	火災未決算	
148,340,000		148,340,000

とづき時価評価した差額について、期首に戻し入れる洗替処理を行っていなかった。そのため、決算整理前残高試算表の繰延税金資産は、前期末に当該株式に対して税効果会計を適用した際に生じたものであり、これ以外に期首時点における税効果会計の適用対象はなかった。当期末の丙社株式の時価は￥7,700,000である。

7．法人税、住民税及び事業税に￥2,054,000を計上する。なお、仮払法人税等は中間納付によるものである。

8．繰延税金資産と繰延税金負債を相殺し、その純額を固定資産または固定負債として貸借対照表に表示する。

中から最も適当と思われるものを選び、正確に記入すること。

組立部門費　　切削部門費　　製　　品　　仕　掛　品　　製造間接費配賦差異

固定加工費	880,000円	990,000円

※加工費予算は変動予算を用いている。

3．2019年５月実績

	製品Ｘ	製品Ｙ
生産量	2,200個	1,500個
原料費	1,410,000円	1,759,400円
原料消費量	225,600ｇ	231,500ｇ
加工費	1,241,500円	1,372,000円
直接作業時間	910時間	920時間

※月初・月末に仕掛品は存在しない。

問１　予算生産量にもとづく**製品Ｘ**の標準原価（予算原価）を計算しなさい。

問２　実際生産量にもとづく**製品Ｘ**の標準原価を計算しなさい。

問３　**製品Ｙ**の標準原価差異を分析し、

(1)　原料費差異を価格差異と数量差異に分けなさい。

(2)　加工費差異を予算差異、能率差異、操業度差異に分けなさい。なお、能率差異は変動費と固定費の両方からなる。

3					
4					
5	(1)				
	(2)				

問2

［資料Ⅰ］ に関する仕訳

番号	借方科目	金額	貸方科目	金額
(2)				
(3)				
(4)				

［資料Ⅱ］ に関する仕訳

番号	借方科目	金額	貸方科目	金額
(1)				
(2)				
(4)				

長期貸付金	3,000,000	
貸倒引当金	(　　　)	(　　　)
固定資産合計		(　　　)
資産合計		(　　　)

負債の部

Ⅰ 流動負債		
買掛金		7,736,000
未払法人税等		(　　　)
未払消費税		(　　　)
流動負債合計		(　　　)
Ⅱ 固定負債		
(　　　)		(　　　)
固定負債合計		(　　　)
負債合計		(　　　)

純資産の部

Ⅰ 株主資本		
資本金		30,000,000
繰越利益剰余金		(　　　)
株主資本合計		(　　　)
Ⅱ 評価・換算差額等		
その他有価証券評価差額金		(　　　)
評価・換算差額等合計		(　　　)
純資産合計		(　　　)
負債純資産合計		(　　　)

第５問（20点）

問１　　　　　円

問２　　　　　円

問３

(1)　価格差異　　　　　円　（ 有利 ・ 不利 ）

※（　）内の「有利」または「不利」を○で囲むこと。以下同じ。

数量差異　　　　　円　（ 有利 ・ 不利 ）

(2)　予算差異　　　　　円　（ 有利 ・ 不利 ）

能率差異　　　　　円　（ 有利 ・ 不利 ）

操業度差異　　　　　円　（ 有利 ・ 不利 ）

3．(1)　最新式のレジスター25台（@￥144,000）の導入にあたり、去る５月７日に国から￥1,800,000の補助金を得て、補助金の受領については適切に会計処理済みである。本日（６月１日）、上記のレジスターを予定どおり購入し、小切手を振り出して支払った。そのうえで、補助金に関する圧縮記帳を直接控除方式にて行った。なお、備品勘定は圧縮記帳した事実を示すように記入すること。

(2)　本日決算日（12月31日）につき、上記の備品について減価償却（200%定率法）を月割計算にて行う。耐用年数は５年、記帳方法は直接法によること。

4．株式会社平成商会に対する買掛金￥800,000の支払いにつき、取引銀行を通じて電子債権記録機関に令和産業株式会社に対する電子記録債権の譲渡記録を行った。

5．株主総会が開催され、別途積立金￥18,000,000を全額取り崩して繰越利益剰余金に振り替えたうえで、繰越利益剰余金を財源に１株につき￥100の配当を実施することが可決された。株主総会開催直前の純資産は、資本金￥200,000,000、資本準備金￥40,000,000、利益準備金￥9,000,000、別途積立金￥18,000,000、および繰越利益剰余金￥7,000,000であった。会社法に定める金額の利益準備金を積み立てる。なお、発行済株式総数は200,000株である。

（ ② ）方式とがある。（ ② ）方式では、納付すべき消費税を（ ③ ）勘定の借方に記入する。

(2)　収益の認識基準には複数のものがある。出荷基準、引渡基準、および検収基準の３つのうち、最も早く収益を計上するのは（　　）基準であり、逆に最も遅く収益を計上するのは（ ④ ）基準である。

(3)　合併の対価が合併によって受け入れた資産から負債を差し引いた純資産額を上回る場合、その超過額である（　　）は、貸借対照表の（ ⑤ ）の区分に記載し、（　　）年以内に（　　）法その他合理的な方法によって規則的に償却しなければならない。これに対し、合併の対価が合併によって受け入れた純資産額を下回る場合、その不足額は、（　　）として損益計算書の（ ⑥ ）の区分に記載されることになる。

(4)　有価証券は、その保有目的にしたがい、（　　）、（ ⑦ ）、（　　）およびその他有価証券に区分される。（ ⑦ ）は、（ ⑧ ）をもって貸借対照表価額とするが、債券金額より低い価額または高い価額で取得した場合、その差額が金利の調整と認められるときは、その差額を償還期まで一定の方法で取得価額に加減する。この方法を（ ⑨ ）法という。たとえば、20×1年４月１日に社債1,000,000千円を額面100円につき99.00円にて償還期日20×6年３月31日まで保有する目的で購入したとする。ここで定額法によって（ ⑨ ）法を適用したとすると、20×3年３月31日時点での（ ⑦ ）の貸借対照表価額は（ ⑩ ）千円となる。

売掛金	66,000千円	買掛金	59,400千円
未収入金	8,000千円	未払金	8,000千円
買掛金	210,000千円	売掛金	210,000千円
支払手形	120,000千円	受取手形	0千円
仕入（売上原価）	910,000千円	売上高	910,000千円
売上高	363,000千円	部品仕入（売上原価）	356,400千円

残高又は取引高に差異が生じているものは、次のような原因によるものと判明した。

① 連結第４年度の期末に、Ｓ社においてＰ社から仕入れた部品Ａ6,600千円の検収が完了していないため未計上であった。

② Ｓ社がＰ社から受け取った手形120,000千円のうち、70,000千円は買掛金の支払いのため仕入先に裏書譲渡され、50,000千円は銀行で割り引かれた。割引の際の手形売却損240千円のうち期末から満期日までの期間の額は160千円であった。Ｓ社の手形売却損2,600千円はすべてＰ社から受け取った手形の割引によるものである。

このような差異については、連結上で消去仕訳のための追加修正仕訳、または、連結上で適切な科目への振替仕訳を行う（ただし、②の非支配株主に帰属する当期純利益への影響については修正しないものとする）。

(1)　材料900,000円を掛けにて購入し、工場の倉庫に搬入された。

(2)　直接工賃金1,400,000円と間接工賃金600,000円を現金で支払った。

(3)　当月に行われた外部業者による工場清掃作業料金120,000円が当座預金の口座から引き落とされた。

(4)　工場の機械について、当月の減価償却費300,000円を計上した。

(5)　販売した製品の製造原価は8,000,000円であった。

販　売　単　価　　A製品　　120円　　B製品　　140円

3．当月の原価データ

当月製造費用

直接材料費　　答案用紙参照

加　工　費　　1, 312, 800円

月初製品原価　　A製品　　220, 000円　　B製品　112, 000円

4．当月の機械稼働時間

A製品　16, 250時間　　B製品　11, 100時間

2					
3	(1)				
	(2)				
4					
5					

買掛金	324,000	244,000			
借入金	253,000				
未払金	113,000	120,500			
未払法人税等	30,000	3,000			
未払費用	90,000	58,000			
資本金	460,000	150,000			
資本剰余金	150,000	37,500			
利益剰余金	758,000	163,000			
非支配株主持分					
負債純資産合計	2,298,000	776,000			
損益計算書					
売上高	3,326,000	1,507,400			
売上原価	2,254,000	1,142,000			
販売費及び一般管理費	864,000	311,000			
(　　　)償却					
受取利息	2,300	300			
支払利息	6,340				
手形売却損		2,600			
土地売却益	8,500				
法人税、住民税及び事業税	69,800	16,100			
当期純利益	142,660	36,000			
非支配株主に帰属する当期純利益					
親会社株主に帰属する当期純利益	142,660	36,000			

(3)				
(4)				
(5)				

第５問（20点）

組別総合原価計算表　　(単位：円)

	A 製 品		B 製 品	
	直接材料費	加 工 費	直接材料費	加 工 費
月初仕掛品原価	—	—	—	—
当月製造費用	1,404,000		1,085,000	
合　計	1,404,000		1,085,000	
月末仕掛品原価	—	—		
完成品総合原価	1,404,000			

月次損益計算書（一部）

(単位：円)

売上高		(　　)
売上原価		
月初製品棚卸高	(　　)	
当月製品製造原価	(　　)	
小計	(　　)	
月末製品棚卸高	(　　)	(　　)
売上総利益		(　　)

月の売上￥14,400,000のうち50%はこのような契約をともなう売上であり、売上に対する返品率は45%と推定され、返品対象の売上総利益率は25%であった。この直近６か月の売上に対する予想返品に含まれる売上総利益相当額について、返品調整引当金を設定する。

3．従業員の退職時に支払われる退職一時金の給付は内部積立方式により行ってきたが、従業員３名が退職したため退職一時金総額￥27,000,000を支払うこととなり、源泉所得税分￥4,000,000を控除した残額を当座預金から支払った。

4．海外の取引先に対して、製品 500,000ドルを３か月後に決済の条件で輸出した。輸出時の為替相場は１ドル￥110であったが、１週間前に３か月後に300,000ドルを１ドル￥107で売却する為替予約が結ばれていたため、この為替予約の分については取引高と債権額に振当処理を行う。

5．外部に開発を依頼していた社内利用目的のソフトウェア(開発費用￥30,800,000は銀行振込により全額支払済み)が完成し使用を開始したため、ソフトウェア勘定に振り替えた。なお、この開発費用の内容を精査したところ￥30,800,000の中には、ソフトウェアの作り直し対象となった部分の費用￥5,800,000が含まれており、資産性がないものとして除却処理することとした。

げた。

26日　得意先に対して￥10,000の割戻を行うことになり、当座預金口座から得意先の当座預金口座に振り込んで支払った。

30日　月次決算の手続として商品の実地棚卸を行ったところ、実地棚卸数量は280個、正味売却価額は@￥5,500であった。

［設問］

問１　答案用紙の売掛金勘定および商品勘定への記入を完成しなさい。なお、摘要欄への記入も行うこと。

問２　４月の純売上高および４月の売上原価を答えなさい。

2,000,000	土地	
240,000	のれん	
694,400	満期保有目的債券	
	支払手形	290,000
	買掛金	480,000
	長期借入金	900,000
	退職給付引当金	237,000
	資本金	6,000,000
	利益準備金	230,000
	繰越利益剰余金	394,400
	売上	7,249,000
	有価証券利息	10,500
5,880,000	仕入	
720,000	給料	
49,800	水道光熱費	
180,000	租税公課	
25,000	減価償却費	
16,120,900		16,120,900

4．のれんは、2016年４月１日に他企業を買収した取引から生じたものであり、取得後５年間にわたって効果が見込まれると判断し、定額法で償却している。

5． 満期保有目的債券は、2017年４月１日に他社が発行した社債(額面総額 ￥700,000、利率年1.5%、償還日は2022年３月31日)を額面 @￥100につき @￥99の価額で取得したものであり、償却原価法(定額法)で評価している。

6．退職給付引当金の当期繰入額は￥81,000である。

7．すでに費用処理した収入印紙の期末未使用高は￥25,000である。

8．長期借入金は、当期の８月１日に借入期間５年、利率年1.2%、利払いは年１回(７月末)の条件で借り入れたものである。決算にあたって、借入利息の未払分を月割計算で計上する。

9．法人税、住民税および事業税について決算整理を行う。仮払法人税等￥18,000は中間納付にかかわるものである。なお、当期の費用計上額のうち￥8,000は、税法上の課税所得の計算にあたって損金算入が認められない。法人税等の法定実効税率は30%である。

10． 上記９．の損金算入が認められない費用計上額￥8,000(将来減算一時差異)について、税効果会計を適用する。

常なものであった。なお、補修は当月中に開始し、当月中に完了している。

問1　下記の（1）～（3）について仕訳を示しなさい。なお、勘定科目は次の中から最も適当と思われるものを選び、正確に記入すること。

材　　料	仕　掛　品	消費価格差異
製造間接費	製　　品	買　掛　金

（1）当月分の直接材料実際購入高を計上する。なお、材料はすべて掛けにて購入した。

（2）当月分の直接材料費を計上する。

（3）直接材料の消費価格差異を計上する。実際消費単価は先入先出法にもとづいて計算する。

問2　当月の完成品原価を計算しなさい。

問3　答案用紙の製造間接費勘定を完成しなさい。

投入しており、B原料費はすべて完成品に負担させる。正常仕損は工程の終点で発生し、それらはすべて当月作業分から生じた。正常仕損費はすべて完成品に負担させ、仕損品に処分価額はない。

問２　上記[**資料**]について、同じデータで仕損品の売却による処分価額を1kg当たり120円としたときの完成品総合原価を計算しなさい。

2				
3				
4				
5				

4	1	前期繰越		4	5		
	4				8		
	10				18		
	15				30	次月繰越	

問2

4月の純売上高	¥
4月の売上原価	¥

3 退職給付費用	( )	
4 租税公課	( )	
5 減価償却費	( )	
6 貸倒引当金繰入	( )	
7 貸倒損失	( )	
8 ( )償却	( )	( )
( )		( )
IV 営業外収益		
1 有価証券利息		( )
V 営業外費用		
1 支払利息		( )
( )		( )
VI 特別利益		
1 ( )		( )
VII 特別損失		
1 ( )		( )
税引前当期純利益		( )
法人税、住民税及び事業税	( )	
( )	(△)	( )
( )		( )

製造間接費

実際発生額	1,382,200	予定配賦額	(　　)
		予算差異	(　　)
		操業度差異	(　　)
	1,382,200		1,382,200

第5問（20点）

問1

総合原価計算表　（単位：円）

	A原料費	B原料費	加工費	合計
月初仕掛品原価	480,000	0	220,000	700,000
当月製造費用	7,080,000	660,000	9,600,000	17,340,000
合計	7,560,000	660,000	9,820,000	18,040,000
差引：月末仕掛品原価	(　　)	(　　)	(　　)	(　　)
完成品総合原価	(　　)	(　　)	(　　)	(　　)

問2

完成品総合原価 ＝ [　　　　] 円

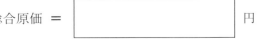